Projektmanagement im Studium

Claudia Stöhler

Projektmanagement im Studium

Vom Projektauftrag bis zur Abschlusspräsentation

2. Auflage

Claudia Stöhler
Augsburg
Deutschland

Die 1. Auflage ist 2013 im Eigenverlag Claudia Stöhler erschienen.

ISBN 978-3-658-11984-3   ISBN 978-3-658-11985-0 (eBook)
DOI 10.1007/978-3-658-11985-0

Die Deutsche Nationalbibliothek verzeichnet diese Publikation in der Deutschen National-bibliografie;
detaillierte bibliografische Daten sind im Internet über http://dnb.d-nb.de abrufbar.

Springer Gabler
© Springer Fachmedien Wiesbaden 2016

Gedruckt auf säurefreiem und chlorfrei gebleichtem Papier

Springer Fachmedien Wiesbaden ist Teil der Fachverlagsgruppe Springer Science+Business Media
(www.springer.com)

Vorwort zur 2. Auflage

Projekte stehen immer häufiger im Mittelpunkt unserer Gesellschaft – in Wirtschaft, Verwaltung, Forschung, Schule, Hochschule und sogar im Privatleben: Projekte gehören zum Alltag! Schaut man in Stellenportale, so finden sich allein schon bei Stepstone 8843 offene Stellen als Projektmanager (Stand: September 2015). Projektmanagement ist also eine Schlüsselkompetenz für die Wettbewerbsfähigkeit des Standorts Deutschland geworden. Daher ist es kein Wunder, dass Projektarbeiten an Hochschulen für angewandte Wissenschaften – mit dem Anspruch auf Praxisbezug – etabliert sind und auch Universitäten zunehmend diese Methode einsetzen, um hierzu Kompetenzen bei ihren Studierenden aufzubauen.

Binnen zwei Jahren am Markt war die Nachfrage zu diesem Buch so hoch, dass eine erneute Auflage anstand. Nach Verlegung und Vermarktung im Eigenverlag übernimmt nun mit der 2. Auflage der Springer-Verlag diese Aufgabe. Es freut mich, mit Ulrike Lörcher sowie der externen Lektorin Bettina Arndt so kompetente Partner gefunden zu haben.

Inhaltlich wurden Internetquellen aktualisiert und im Text integriert, damit sie in der ebook-Variante aufrufbar sind. Fehler wurden korrigiert und einige Informationen ergänzt oder ausführlicher beschrieben. Insgesamt ist die 2. Auflage gegenüber der Vorauflage aktualisiert und inhaltlich auf den neuesten Stand gebracht worden.

Danke für die vielen Erfahrungsberichte zu diesem Buch von zahlreichen Professoren und Dozenten aus ganz Deutschland und dem Feedback meiner Studierenden. Es freut mich, einerseits einen nutzbringenden Beitrag zur Lehre des Projektmanagements zu leisten und andererseits den Studierenden einen Ratgeber für ihr Projekt mit auf den Weg zu geben. Niemand ist frei von Schwächen.

Haben Sie Fehler gefunden?
Haben Sie Anregungen, die helfen, das Buch oder die Toolbox im Internet besser zu machen? Beispielsweise Themen, Links, Tools oder Quellen.

Praxisbeispiele

Haben Sie Beispiele aus Ihren Projektarbeiten, die Sie gerne einbringen möchten, weil sie anderen Studierenden helfen können?

Website

Dann teilen Sie mir das bitte über http://www.projekt-toolbox.de mit.

Ich freue mich über Ihre Zuschriften!

Augsburg, im September 2015   Claudia Stöhler

Inhaltsverzeichnis

Über die Autorin

 **Claudia Stöhler** ist Diplom-Ingenieurin der Feinwerktechnik sowie Diplom-Wirtschaftsingenieurin und hat in den 1990er Jahren an der Hochschule in München studiert. Sie arbeitet als Dozentin z. B. für die Hochschulen in Augsburg, Ulm und München und engagiert sich insbesondere für die Projektarbeit im Studium. Ihr Lehrgebiet ist Projektmanagement sowie Logistik & IT und sie ist daher an den Fakultäten Wirtschaftsinformatik, Produktionstechnik und Betriebswirtschaft vertreten. Seit 2014 gehört sie der Leitung der deutschlandweiten Fachgruppe „Projektmanagement an Hochschulen" bei der GPM an, der über 150 Hochschulen und Universitäten in Deutschland angeschlossen sind.

Vor ihrem Start in die Lehre war Claudia Stöhler bereits 17 Jahre lang in der Industrie tätig und hat dort zahlreiche nationale und internationale Projekte geleitet. Praxis mit Wissenschaft zu verbinden und die nächste Generation der Führungskräfte auszubilden – aus dieser Motivation heraus ist die Idee für dieses Buch entstanden.

Einführung in das Thema

Jetzt ist es soweit: Die Zeit für Ihr Projekt im Studium ist gekommen. Dieses Buch soll Ihnen dabei helfen, Ihre Projektarbeit effizient zu gestalten und zu einem richtig guten Ergebnis zu bringen. Als praktischer Leitfaden orientiert es sich an den **typischen Aufgabenstellungen und Abläufen**, wie sie Ihnen an Universitäten und Hochschulen begegnen, unabhängig von Ihrem Studiengang.

Projektarbeit ist eine von vielen Lernformen, auf die Sie im Studium treffen. Ihre Besonderheit: Sie findet unter professionellen Bedingungen statt und ist damit eine hervorragende Möglichkeit, **das theoretische Wissen aus dem Studium praktisch zu erproben** – und so bereits erste Erfahrungen für das spätere Berufsleben zu sammeln. Außerdem ist es ein schönes Erlebnis, mit einer Gruppe etwas auf die Beine zu stellen und all die Dinge, die Sie schon gelernt haben, einzubringen.

Mit meinem Buch will ich Ihnen ein Set an **Tools für erfolgreiches Projektmanagement** an die Hand geben – eine **Werkzeugkiste**. Sie brauchen das Buch also nicht unbedingt von Anfang bis Ende zu lesen. So wie sich der Handwerker gezielt das richtige Werkzeug für die jeweilige Arbeit aus der Kiste greift, können Sie sich aus diesem Buch genau die Kapitel herauspicken, die für Sie gerade relevant sind. Und damit Sie schnell an Quellen für Programme und weiterführende Informationen gelangen, verweise ich immer wieder auf nützliche Internetseiten.

▶ Immer aktuell: Auf http://www.projekt-toolbox.de finden Sie alle im Buch vorgestellten Links im Überblick sowie alle Vorlagen und Tools zum Herunterladen.

Der **Aufbau des Buchs** orientiert sich an den drei Hauptphasen eines Projektes: **Start, Ausführung und Abschluss**. Bevor es an die Details der einzelnen Arbeitsphasen geht, möchte ich zunächst einige grundlegende Fragen beantworten: Was genau ist ein Projekt und wo liegt der Unterschied zu anderen Arbeiten im Studium? Wann gilt ein Projekt im

© Springer Fachmedien Wiesbaden 2016

C. Stöhler, *Projektmanagement im Studium*, DOI 10.1007/978-3-658-11985-0_1

Studium als erfolgreich? Wie gliedert sich das Projekt? Und wie viel Aufwand muss ich in das Management stecken?

Ich wünsche Ihnen viel Vergnügen beim Lesen und hilfreiche Erkenntnisse für das Management Ihres Projektes!

Übrigens: Wenn in diesem Buch von Professoren, Betreuern oder Studenten die Rede ist, so steht es stellvertretend für beide Geschlechter.

1.1   Was ist ein Projekt?

Der Begriff „Projekt" leitet sich ab vom lateinischen Wort „proiectum", das „nach vorn geworfen" bedeutet. Aber nicht nur der Zukunftsaspekt ist wichtig – das Project Management Institute (PMI), der wichtigste US-amerikanische Verband für Projektmanagement, charakterisiert ein Projekt folgendermaßen: „Ein Projekt ist ein **zeitlich begrenztes** Unternehmen, das unternommen wird, um ein **einmaliges** Produkt, eine Dienstleistung oder ein Ergebnis **zu erzeugen**." (Vgl. Angermeier 2015)

Projekt ist dabei nicht gleich Projekt. Im Wesentlichen gibt es fünf Parameter, aus denen sich verschiedene Arten von Projekten ergeben:

- **Inhalt:** Das ist die Branche oder der Wirtschaftszweig, in der das Projekt angesiedelt ist. Beispiele: Softwareentwicklungs-, Marketing-, Forschungs- und Entwicklungs-, Bauprojekte und vieles mehr.
- **Anlass:** Das ist der Grund für das Projekt. Beispiele: Planungs-, Neuentwicklungs-, Wartungs- oder Migrationsprojekte.
- **Initiierung:** Dies sagt etwas darüber aus, wer das Projekt initiiert. Das können interne oder externe Projekte sein, beispielsweise mit Kunden oder Zulieferern.
- **Komplexität:** Das sind im Wesentlichen die Größe (Volumen) und die Dauer des Projektes sowie die Anzahl der Beteiligten.
- **Wiederholungsgrad:** Hier lassen sich Projekte in Pionier- und Wiederholungsprojekte bzw. Routineprojekte teilen, bei denen auf bewährte Vorgehensweisen zurückgegriffen werden kann.

Natürlich unterscheiden sich Projekte durch ihre konkrete Aufgabenstellung, Ziele und Rahmenbedingungen. Dafür gibt es unterschiedliche Vorgehensmodelle (Wasserfallmodell, V-Modell, Spiralmodell, RUP usw.), die je nach Fachgebiet und Projektart eingesetzt werden. Sie kennen die Vorgehensmodelle aus der Vorlesung, daher wird darauf in diesem Buch nicht eingegangen.

1.2   Worin besteht der Unterschied zu anderen Arbeiten im Studium?

Sie fertigen während Ihres Studiums verschiedene Ausarbeitungen, **Haus- oder Seminararbeiten,** an – meistens alleine oder in Kleingruppen. Sie enden oftmals mit einer Abschlusspräsentation beim Professor und der Abgabe. Der Rahmen, die Vorgehensweise und die Steuerung des Fortschritts werden von Ihrem Professor vorgegeben und nachgehalten. Es geht für Sie in erster Linie darum, Ihre fachlichen Kenntnisse zu erweitern, Methoden einzuüben, beispielsweise Recherchieren, und praktische Erfahrungen zum Thema sammeln.

Es gibt auch **Projekte des Professors**, in die Sie mit einbezogen werden, so dass Sie quasi an „Mini-Projekten" beteiligt sind. Da Sie hierbei jedoch angeleitet vorgehen – so wie bei der Seminararbeit – sind es nicht wirklich Projekte, so wie sie in diesem Buch verstanden werden.

Ihre **Abschlussarbeit** wird auch oft als Projekt gesehen, insbesondere wenn Sie sie in der Industrie erstellen. Beachten Sie, dass es für Sie dabei nicht nur um das Projektergebnis (Produkt) geht, sondern auch um den wissenschaftlichen Wert der Arbeit an sich. Das spiegelt sich oft in Titelformulierungen wider, wie „… gezeigt am Beispiel der Firma …". Der Theorieteil und die wissenschaftlichen Aspekte werden meistens nicht von den Firmen unterstützt, da diese in der Regel nur ein Interesse am Projektergebnis haben. Ziehen Sie stets Ihren betreuenden Professor hinzu, um zu verhindern, dass Sie zwar ein exzellentes Ergebnis für das Unternehmen liefern, aber von Ihrer Note überrascht sind. Bei Abschlussarbeiten geht es immer um Eigenmotivation und Selbststeuerung und weniger darum, andere zu koordinieren oder mit ihnen zusammenzuarbeiten. Schließlich soll Ihre ganz persönliche Leistung beurteilt werden. So gesehen ist Ihre **Abschlussarbeit Ihr persönliches wissenschaftliches Projekt** und auch dafür wird Ihnen dieses Buch wichtige Erkenntnisse bringen.

Projektarbeit dient dazu, das bisher im Studium theoretisch und praktisch **erworbene Wissen in einem anspruchsvollen Projekt unter professionellen Bedingungen praxisgerecht umzusetzen.**

Wie das genau gestaltet wird und was an Ihrer Fakultät Projektarbeit genannt wird, hängt von Ihrer Prüfungsordnung ab.

Im Gegensatz zur Seminararbeit werden Sie bei der Projektarbeit nicht geführt, sondern müssen selbst das Ergebnis sicherstellen. Dies ist sowohl zeitlich und fachlich als auch im Team zu managen.

In der Prüfungsordnung werden Umfang des Projektes, Dauer, Gruppengröße, Semesterwochenstunden (SWS), Credits (ECTS wurde ab 1989 im Rahmen des europäischen Erasmus-Mobilitätsprogramms entwickelt, um die Anerkennung von an anderen Institutionen erbrachten Studienleistungen zu erleichtern) und noch vieles mehr geregelt. **Unterschätzen Sie den Aufwand nicht**, der von Ihnen dabei erbracht werden muss. Projekte sind zwar manchmal nur mit 2 Semesterwochenstunden (SWS) im Semesterplan veranschlagt, aber sie sind häufig mit 6 Credits/ECTS oder mehr gewichtet. Das zeigt Ihnen, dass eine Menge Arbeit in einem Projekt steckt. Hierzu eine **Beispielrechnung**: 5 ECTS entsprechen einem Arbeitsaufwand von 125–150 h. Ein Projektteam von 8 Studenten setzt also die zeitliche Ressource von 1000 h oder 7 Monaten ein. Das entspricht einer Arbeitsleistung, die für eine Masterarbeit erwartet wird. Hätten Sie das gedacht?

Projektthemen werden in der Regel von den Professoren vorgeschlagen, Sie können jedoch auch als Projektgruppe mit einem Themenvorschlag an einen Professor herantreten. Da die Zusammenarbeit im Team eine sehr große Rolle beim Gelingen des Projektes spielt, ist es gut, sich als Gruppe zu melden, anstatt über das normale Anmeldeverfahren ein Projekt zugewiesen zu bekommen.

> ► Für die Projektarbeit gilt: Werden Sie im Vorfeld selbst aktiv! Wählen Sie bei Themenbekanntgabe möglichst rasch ein Thema, finden Sie Mitstreiter und sprechen Sie den Projektbetreuer direkt an.

1.3   Wann ist ein Projekt im Studium erfolgreich?

„Grundsätzlich gilt ein Projekt als erfolgreich, wenn es seine **Ziele** (Ergebnis, Termintreue, Budgettreue) **erreicht oder übertroffen** hat. Neben diesen objektiv messbaren Kriterien hängt die Beurteilung des Projekterfolgs aber auch vom Standpunkt des jeweiligen Stakeholders (involvierte Person) ab. Beispielsweise kann auch die **Zufriedenheit des Auftraggebers** – und die Bezahlung der Abschlussrechnung – als Kriterium für den Projekterfolg herangezogen werden." (Vgl. Angermeier 2015)

An der Hochschule Augsburg wurde im SS 2015 eine Studie zum Thema „Projektarbeit" durchgeführt, die sich über 6 Fakultäten erstreckte. 450 Studenten und 45 Professoren gaben hier Auskunft, wie sie Projektarbeiten erleben. Eine Frage lautete: Wann ist für Sie ein Projekt erfolgreich?

Abbildung. 1.1 fasst das Umfrageergebnis zusammen. Gerade einmal 17 % gaben „eine gute Note erreichen" an, was zeigt, dass Projekte von Studierenden anders gesehen werden als die klassischen Fächer im Studium. **Nach dem „Erreichen des sachlichen Projektziels" (31 %) ist das „schönes Teamerlebnis & Teamarbeit erfahren" das zweitwichtigste Erfolgskriterium (28 %).** Das ist ein deutlicher Unterschied zu Projekten in Unternehmen, wo in erster Linie Qualität, Zeit und Kosten über den Erfolg entscheiden.

Sehr erstaunlich ist, dass für die Professoren ein schönes Teamerlebnis genauso wichtig gesehen wird wie der fachliche Lernerfolg. Also haben auch die Lehrenden viel Spaß mit Projekten!

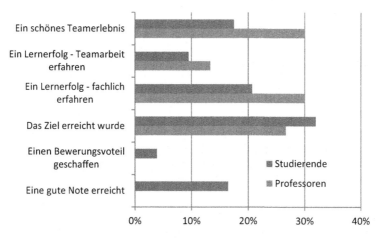

Abb. 1.1 Ergebnis der Umfrage „Projekterfolg im Studium"

1.4   Überblick der drei Projektphasen: Start – Ausführung – Abschluss

Das Thema ist gewählt, der Betreuer gefunden, die Projektmitarbeiter sind festgelegt. **Und was jetzt?**

Sie wissen nicht, wie Sie anfangen sollen, Lähmung hat Sie ergriffen und Sie fühlen sich ratlos. Oder Sie fangen einfach an, so wie alle anderen Teammitglieder auch – je nachdem, wie der Einzelne das Thema verstanden hat, oder meint, dass man loslegen sollte. Chaos ergreift das Team. Beide Ansätze sind unproduktiv, also nehmen Sie sich Zeit, darüber nachzudenken, wie Sie Ihr Projekt effizienter angehen können.

Im Wesentlichen gibt es drei Phasen in einem Projekt an der Hochschule und jede Phase hat ganz spezifische Arbeitsspakte, Themen und Probleme. Abb. 1.2 benennt die wesentlichen Inhalte, auf die in diesem Buch näher eingegangen wird.

Die Phasen sind nicht gleich lang: Die Dauer teilt sich auf in etwa **15 % für die Startphase, 70 % für die Ausführung und 15 % für den Abschluss**. Das Modell ist von der Gesamtdauer Ihres Projektes unabhängig und es spielt keine Rolle, ob Ihr Projekt semes-

Abb. 1.2 Übersicht der Projektphasen

terbegleitend oder in einem Block, z. B. in den Semesterferien, stattfindet. Pre- und Post-phase sind der Start- und Abschlussphase zugeordnet, daher baut sich dieses Buch auf drei Hauptkapitel auf.

Prephase

Hierzu gehören die erste Orientierung und das Verstehen des Themas sowie die Anmel-dung. Wenn das Thema aus Vorlesungen oder Praktika bekannt ist oder wenn Studenten in Ihrem Team sind, die sich sehr gut damit auskennen, fällt diese Phase kürzer aus. **Wichtig ist, dass Sie sich die Zeit nehmen, wirklich zu verstehen, was Sie tun wollen.** Dabei können Ihnen Literatur, Skripte und Kreativitätstechniken helfen. Da die Aktivitäten bzgl. der Anmeldung sehr hochschulspezifisch sind, wird nicht darauf eingegangen. Sie werden aber keine Schwierigkeiten haben, in Ihrer Fakultät zu erfahren, was Sie hier tun müssen.

Startphase

Wenn Sie angemeldet sind und das Thema verstanden haben, klären Sie die Rollen im Team und schreiben den Projektauftrag. **Steht das Ziel und die Mannschaft, so können Sie Ihr Projekt planen.** Im Kap. 2 „Startphase" finden Sie alle Tools und Anleitungen, um richtig gut in Ihr Projekt zu starten: Fertige **Templates** unterstützen Sie bei der effizi-enten Umsetzung und **Beispiele** geben Ihnen Orientierung.

Ausführungsphase

Jetzt beginnt die Umsetzung des Projektplans und Sie müssen gemeinsam am Ziel arbei-ten. Organisationstalent ist gefragt, ebenso wie Disziplin bei der Bearbeitung der Aufga-benpakete. Damit Sie die **Risiken** Ihres Projektes besser einschätzen können, widmet sich Kap. 3 „Ausführungsphase" den am häufigsten auftretenden **Problemen.** Sie können sich dort zudem **psychologische Kenntnisse** aneignen, die Sie brauchen, um gut im Team zu-sammenzuarbeiten, und Sie lernen Methoden kennen, um die **Qualität zu sichern.**

Abschlussphase

Am Ende wird es meistens hektisch, kaum eine Projektgruppe hat eine Woche vor Abgabe schon alles fertig. Gestalten Sie das Format der Ergebnisse und vermarkten Sie sich da-mit: **Dokumentation und Abschlusspräsentation** sind nicht zu unterschätzen und haben einen wesentlichen Einfluss auf das von außen wahrgenommene Ergebnis. **Praktische Tipps, Anleitungen und Vorlagen** im Kap. 4 dieses Buches helfen Ihnen dabei. Letztlich wollen Sie sicher auch wissen, nach welchen Kriterien Ihre Arbeit bewertet wird. Neben der Abschlusspräsentation beim Professor bieten viele Hochschulen inzwischen Projekt-messen an, auf denen Sie Ihr Projekt der Öffentlichkeit vorstellen können.

Postphase

Spätestens jetzt sollten Sie prüfen, ob Sie **„mehr" aus Ihrem Projekt machen** können – haben Sie beispielsweise schon einmal an die Teilnahme an Wettbewerben gedacht? Oder Sie gehen auf einen Kongress oder schreiben einen Artikel. Ist Ihr Produkt so gut, dass Sie es schützen lassen wollen? Der Gebrauchsmusterschutz ist hier eine gute Alternative zum Patent. Reflektieren Sie Ihr Projekt und nehmen Sie „**Lessons Learned**" aus einem After-Action-Review als Erkenntnisse mit in Ihr nächstes Projekt. Scheuen Sie sich nicht, Feedback mittels Evaluation an Ihre Hochschule zu geben – so profitieren auch andere Studierende von Ihren Erfahrungen.

1.5   Wie viel Projektmanagement brauchen Sie?

Es gibt eine einfache Regel: Je kleiner die Gruppe und je geringer die Komplexität, desto weniger Aufwand müssen Sie in das Management eines Projektes stecken. Das kennen Sie sicherlich bereits: Arbeiten Sie beispielsweise alleine, müssen Sie Disziplin und Selbstorganisation aufbringen. Sind Sie zu zweit, ergibt sich eine informelle „Zuruforganisation" – Sie müssen ja nur den anderen informieren. Ab drei Personen wird schon einmal jemand in der Informationskette vergessen und das Bedürfnis nach Organisation entsteht. Bei einer **Gruppengröße von 8 Studenten** ist es daher leicht vorstellbar, dass Sie sich organisieren müssen, um gemeinsam an einem Strang zu ziehen: Sie brauchen zunächst einen Projektleiter, der die Koordination übernimmt.

Es gibt **drei Dimensionen**, die für einen Projektleiter wichtig sind:

- Geschäftsverständnis
- Projektmanagement
- Fachkenntnisse

Je nach Größe und Art eines Projektes sind die Dimensionen unterschiedlich ausgeprägt, wie Abb. 1.3 zeigt: Im linken Bild ist ein kleines Projekt dargestellt, wie die Projektarbeit im Studium. Fachkenntnisse sind am wichtigsten. Das rechte Bild zeigt die Ausprägung für große Projekte: Geschäftsverständnis und Projektmanagement überwiegen gegenüber den Fachkenntnissen.

Geschäftsverständnis
Bei der Projektarbeit im Studium bedeutet „Geschäftsverständnis" die **Kenntnis der Arbeitsweise an der Hochschule oder die Einordnung des Themas in die Praxis**. Sie sollten hierfür folgende Fragen beantworten können: Wozu wird das Projekt gemacht?

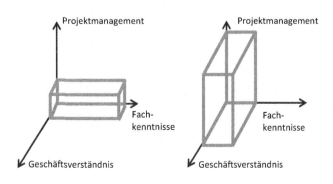

Abb. 1.3 Projektgröße und gefragte Fähigkeiten

Welchen Nutzen wird das Ergebnis haben? Welche Erwartungshaltungen haben die Stakeholder (z. B. Betreuer, Professor)? Bei größeren Projekten in der Wirtschaft muss das Geschäftsverständnis des Projektleiters noch stärker ausgeprägt sein: Er ist das Sprachrohr nach außen und muss seine Stakeholder (z. B. Auftraggeber, Behörden, Politik) managen. Das setzt voraus, dass er das geschäftliche Umfeld verstanden hat, die Sprache der Stakeholder beherrscht und stets auf dem aktuellen Stand des Geschehens ist, um rechtzeitig Risiken für das Projekt erkennen zu können.

Fachkenntnisse
Fachkenntnisse sind bei der Projektarbeit im Studium **die Kenntnisse und Fähigkeiten, die Sie brauchen, um die Themenstellung zu bearbeiten.** Diese Kenntnisse im Laufe des Projektes zu verbessern, ist ganz klar auch Ziel des Projektes an sich. Schließlich geht es nicht nur darum, das Managen von Projekten zu lernen oder ein Produkt zu erstellen. Bei Projekten im Berufsleben bestehen die Fachkenntnisse aus den Expertisen der Projektmitarbeiter, sei es Programmier-, Konstruktions-, Rechtskenntnisse und viele andere. Ein Projektleiter in einem Softwareimplementierungsprojekt mit 100 Mitarbeitern muss kein exzellenter Programmierer sein. Es reicht völlig aus, dass er den Aufwand und die Risiken abschätzen kann.

Projektmanagement
Das Projektmanagement ist bei Projekten im Studium notwendig, sollte aber nicht zu viel Zeit in Anspruch nehmen im Verhältnis zur eigentlichen Projektarbeit. Der Projektleiter fungiert deshalb eher als **Koordinator der Projektmitarbeiter und weniger als Führungskraft**, der die anderen „unterstellt" sind. Bei einer Gruppengröße von 3 bis 8 Studenten ist es klar, dass die Projektleitung auch fachliche Arbeiten zu übernehmen hat – das wird zudem von der Hochschule erwartet. Bei großen Projekten in der Wirtschaft hingegen ist Projektmanagement meist ein Vollzeitjob. Übernimmt der Projektleiter stattdessen Aufgaben der Mitarbeiter, besteht ein hohes Risiko, dass ihm für ein gutes Management die Zeit fehlt und sich dies kontraproduktiv auf das Projekt auswirkt. Sicherlich kann es motivierend auf die Mitarbeiter wirken, wenn der Projektleiter mit anpackt, das sollte aber nicht zur Gewohnheit werden. Der Kapitän eines Schiffs steht auf der Brücke und läuft nicht mit dem Schraubenschlüssel auf dem Maschinendeck herum. Haben Sie dieses Bild vor Augen, wenn Sie später im Berufsleben größere Projekte angehen.

1.6   Vorgehensmodelle Scrum und VAKIR als Ideengeber

Sie können aufgrund fehlender Vorkenntnisse und Erfahrungen Projekte nicht detailliert planen, die Arbeitsweise im Studium ist agil und Sie sollen einen Entwicklungsfortschritt (fachlich und persönlich) bei der Projektarbeit erfahren. Daher möchte ich Ihnen zwei Vorgehensmodelle vorstellen, die Einfluss auf die Wahl der Themen in diesem Buch haben:

Scrum (engl. „Gedränge") für agile Entwicklung und VAKIR für Projekte mit Change Management.

Scrum

Heutzutage sind Entwicklungsprojekte zu komplex, um durchgängig planbar zu sein, und Anforderungen (Kundenwünsche, Bestimmungen usw.) ändern sich oftmals während des Projektverlaufs. Deshalb sind agile Vorgehensmodelle auf dem Vormarsch. Scrum ist ein solches Modell aus der Softwareentwicklung, was inzwischen auch in einigen anderen Anwendungen eingesetzt wird. Der Begriff Scrum kommt von eine Startaufstellung beim Rugby, die eingenommen wird, wenn das Spiel neu gestartet werden muss, z. B. nach Regelverstößen oder Ball im Aus. Also eine Art geordnetes Chaos, auf das man immer wieder zurückgeht. Scrum in Projekten basiert auf drei Prinzipien:

- **Transparenz:** Nahezu täglich werden die Entwicklung und die auftretenden Probleme aufgezeigt, festgehalten und kommuniziert.
- **Überprüfung:** Die erarbeiteten Lösungen bzw. Funktionalitäten (Lieferungen) werden erstellt, beurteilt und im Gesamtkontext validiert. Dies geschieht in Iterationszyklen, so genannten „Sprints" (z. B. 30 Tage) mit den Auftraggebern, den „Product Owners".
- **Anpassung:** Zu Beginn des Projektes werden die Anforderungen an das Produkt nicht final festgelegt, sondern nach jedem Arbeitspaket neu bewertet und bei Bedarf ange- passt.

Scrum eignet sich nur für Kleingruppen, da sich das Team selbst organisiert und die Verantwortung für die Fertigstellung der einzelnen Ergebnisse trägt. Wählen Sie niemals Scrum als Vorgehensmodell, wenn sich die Projektmitglieder nicht sehr oft treffen kön- nen, um zusammen zu arbeiten – ich habe noch nie ein Scrum-Projekt erlebt, was nicht schief lief, wenn diese Rahmenbedingung gegeben war!

Informationen zu Scrum: http://www.scrum-kompakt.de

VAKIR

Das Modell VAKIR gehört zur Gruppe der Phasenmodelle und wird bei **Organisations- projekten mit hohem Change Management** eingesetzt. Es gliedert sich in fünf Projekt- phasen, deren Anfangsbuchstaben VAKIR ergeben:

- Vorbereitung
- Analyse
- Konzeptentwicklung
- Implementierung
- Review

Dabei wird großer Wert darauf gelegt, **Erfolgsfaktoren zu ermitteln und typische Feh- ler zu vermeiden.** Es werden hierfür zeitgleich zwei Ebenen angesprochen:

- die logische oder sachliche/fachliche Ebene
- die psychologische Ebene der individuellen Stakeholder im Veränderungsprozess

Für den Erfolg von Change-Projekten sind drei Faktoren entscheidend:

- die passende chronologische Reihenfolge der Aktivitäten
- die Möglichkeiten der Kooperation mit anderen
- die Überwindung von Widerständen

Im Folgenden werden Ihnen immer wieder Elemente aus diesen beiden Modellen begegnen.

1.7   Verwendung von PM-Standards

Es gibt in Deutschland drei gebräuchliche Standards im Projektmanagement:

- **IPMA** International Project Management Association: http://www.gpm-ipma.de
- **PMI** Project Management Institute: http://www.pmigc.de
- **Prince2 Pr**ojects **in C**ontrolled Environments: http://www.bpug-deutschland.de

Sie werden in diesem Buch Elemente aus allen drei Standards wiederfinden. Es kann sein, dass Sie einen Standard vorgegeben bekommen, nach dem Sie verfahren sollen, so können Sie sich über die angegebenen Links informieren. An manchen Einrichtungen wird parallel zur Projektarbeit eine Vorlesung angeboten, in der oftmals einer der drei Standards vermittelt wird, damit Sie die PM-Sprache und Begrifflichkeiten kennen lernen. Vielleicht wird Ihnen auch angeboten, ein zugehöriges Einstiegs-Zertifikat zu erlangen – was in der Regel kostenpflichtig ist.

Literatur

Angermeier, G. Projekterfolg. *Projektmagazin Online*. http://www.projektmagazin.de/glossarterm/projekterfolg. Zugegriffen: 5. Sept. 2015.
Angermeier, G. Projekt. *Projektmagazin Online*. http://www.projektmagazin.de/glossarterm/projekt. Zugegriffen: 5. Sept. 2015.
IPMA International Project Management Association. http://www.gpm-ipma.de. Zugegriffen: 5. Sept. 2015.
Kompakt, S. http://www.scrum-kompakt.de. Zugegriffen: 5. Sept. 2015.
PMI Project Management Institute. http://www.pmigc.de. Zugegriffen: 5. Sept. 2015.
Prince2 Projects in Controlled Environments. Best practice user group Deutschland. http://www.bpug-deutschland.de. Zugegriffen: 5. Sept. 2015.

Startphase

2

In der Startphase stellen Sie die Weichen für den Verlauf Ihres Projektes. Der dazu nötige Aufwand rechnet sich für das Gesamtprojekt, denn was Sie am Anfang versäumen, können Sie später nur mit Mehraufwand wieder hereinholen.

▶ Die Toolbox unterstützt Sie mit fertigen Vorlagen für die Startphase: http://www.projekt-toolbox.de.

2.1 Orientierung – das Thema verstehen

Bevor Sie einen Projektplan erstellen oder die Arbeit im Team aufteilen, sollten Sie sich mit dem Thema auseinandersetzen und sich einen Überblick verschaffen.

Literaturrecherche und Kontakte
Gehen Sie als Gruppe gemeinsam mit Ihrem Betreuer auf die **Uni-Bibliothek** zu und bitten Sie um eine Starthilfe für die Recherche zum Thema. Meist nehmen sich die Mitarbeiter gerne ein bis zwei Stunden Zeit, um zusammen mit Ihnen zum Thema zu recherchieren. Dabei bekommen Sie einen guten Überblick, was es an Literatur dazu gibt, und können klären, ob Statistiktools, die zur Verfügung stehen, für Sie sinnvoll eingesetzt werden können. Natürlich kann auch Ihr **Betreuer** selbst helfen: mit einer **Einweisung** in das Thema, einer **Literaturliste** oder mit **Erfahrungen** aus vorhergehenden Arbeiten. Er kann außerdem **Kontakte** herstellen zu Ansprechpartnern, die für das Projekt wichtig sind und von denen Sie wiederum Informationen beziehen können.

© Springer Fachmedien Wiesbaden 2016

C. Stöhler, *Projektmanagement im Studium*, DOI 10.1007/978-3-658-11985-0_2

Ideen sammeln

Haben sich alle Teammitglieder einen Überblick zum Thema verschafft, sammeln Sie Ideen, welche Inhalte und Arbeiten das Projekt enthält. Ziel der Ideensammlung ist **die Bildung von Arbeitspaketen**, auf deren Basis Sie dann das Projekt planen können. Ein Beispiel für einen Projektstart mit Hilfe von Mind Mapping finden Sie im Kapitel über Projektplanung.

Ideen zu sammeln, gelingt am besten mittels **Kreativitätstechniken**. Heute weiß man, dass die „funktionale Asymmetrie" unseres Gehirns einen unmittelbaren Einfluss auf die Gestaltung des Kreativitätsprozesses hat. Aus der Schule ist Ihnen sicher das Hemisphären-Modell bekannt, nach dem unsere beiden Gehirnhälften unterschiedlich ausgerichtet sind. Dem Modell zufolge sind die analytischen, sprachlichen Fähigkeiten des Menschen in besonderem Maß in der linken Hälfte konzentriert, wohingegen Fähigkeiten wie räumliche Wahrnehmung und Bilderkennung eher in der rechten angesiedelt sind.

Linke Gehirnhälfte	Rechte Gehirnhälfte
Verbal	Visuell
Sequenziell	Gleichzeitig
Zeitlich	Räumlich
Digital	Analog
Logisch	Ganzheitlich
Rational	Intuitiv
Deduktiv	Induktiv

Es gibt eine ganze Reihe von Kreativitätstechniken. Über die vier gebräuchlichsten können Sie sich in den folgenden Unterkapiteln informieren. Weitere Informationen finden Sie im Internet oder in der Literatur, beispielsweise Schlicksupp 2004; De Bono 2002; http://kreativitaetstechnik.com.

2.1.1 Brainstorming

Eine bewährte Methode, um sich in einer Gruppe einen Überblick zu verschaffen, ist Brainstorming. Die Methode wurde 1939 von Alex F. Osborn erfunden und ist der Klassiker bei der Sammlung von Ideen, der Bildung von Arbeitspaketen oder zur Reflexion – und wirklich jeder im Berufsleben kennt diese Methode.

Sie benötigen dafür **Karten**, auf denen jeder seine Ideen aufschreiben kann, sowie eine **Pinnwand** zum Sammeln und Sortieren der Karten. Ein **Moderator** ist zu benennen, der durch das Brainstorming führt. Zuerst wird jeder aufgefordert, seine Ideen zum Thema auf Karten aufzuschreiben. Sind alle fertig, hängt der Moderator oder jeder selbst die Karten an die Pinnwand und kommentiert sie kurz. Die Ideen werden dabei **nicht bewertet oder von anderen kommentiert**. Anschließend werden sie sortiert, zu Themenblöcken zusam-

Abb. 2.1 Brainstorming – Beispiel für Themensammlung

mengefasst und bewertet. Hierbei führt der Moderator die Diskussion und sortiert auch an der Pinnwand um, sonst niemand! Jetzt – nicht vorher! – ist es Zeit auszusortieren.

Beispiel für Brainstorming – Thema: Organisation einer Konferenz

Zunächst wird eine Karte mit dem Wort „Konferenz" in die Mitte einer Stellwand gepinnt. Alle Projektmitglieder schreiben auf Karten, welche Inhalte bei der Organisation zu berücksichtigen oder zu bearbeiten sind. Das Ergebnis dieser Sammelphase ist in der Abb. 2.1 zu sehen. Es ist kein Problem, wenn dieselben Themen mehrfach genannt werden, dies zeigt nur deren Relevanz. Sie können sie übereinander heften.

Abb. 2.2 Brainstorming – nach Themen gruppiert

Als zweites werden die Karten nach Themen gruppiert. Bei der Diskussion dabei kommen noch viele neue Ideen hinzu und die Themen wachsen an. Sie können neue Karten ergänzen oder irrelevante abnehmen. Schreiben Sie die Überschriften der Themengruppen auf andersfarbige Karten, unter denen die Karten dann einsortiert werden. Auf der Abb. 2.2 sehen Sie, dass sich eine Struktur ergibt, die sich über zwei Pinnwände erstreckt. Projektorganisation, Werbung, Finanzen, Infrastruktur usw. sind die Hauptgruppen, für die dann in der Projektplanung Verantwortliche benannt werden. Diese werden die dazugehörigen Arbeitspakete und Tasks ermitteln und bearbeiten.

Die gesammelten Ideen sahen nach Themenbereichen gruppiert folgendermaßen aus:

- **Projektorganisation:** Projektteam bilden, Organisator, Dokumentation und Präsentation des Konzepts, Programm-Komitee, Projekthelfer
- **Werbung und Marketing:** Soziale Netzwerke, Pressearbeit, Adressliste für Einladungen, Website, Motto, Poster, Logo
- **Finanzen und Abwicklung:** Anmeldung/Abrechnung, Sponsoring, Finanzierung, Rechte
- **Infrastruktur:** Catering, Räume, Hotels, Techniksupport, Shuttleservice, Rahmenprogramm
- **Tagungsstruktur:** Tagungsprogramm, Video, Tagungsband, Konferenz-Chair, Bürgermeister, Workshops, Keynote Speaker einladen, Call for Paper (CfP), Konferenzmap-

pe, Session Chair, Podiumsdiskussion, Dinner, Wegweiser, Get together, Best Paper
Award, HS Leitung
- **Nachlese:** Lessons Learned, Fragebögen und Auswertungen

2.1.2   Mind Mapping

Tony Buzan, der die Methode Mind Mapping entwickelt hat, vertritt die Meinung, dass sie
für das Zeitalter der Raumfahrt und Computer das ist, was linear strukturierte Konzepte
für das Mittelalter und für das angehende Industriezeitalter waren (vgl. Buzan und Buzan
2002).

Um Synergieeffekte des Gehirns zu nutzen, wird empfohlen, **Informationen nicht
linear in Listen oder Fließtext darzustellen, sondern in einem Bild.** Verwenden Sie
zudem nur Schlüsselwörter und keine Füll- und Verbindungswörter, so entsteht ein sicht-
bares Netz an Gedankenknoten. Rein formal gesehen ist ein Mind Map ein beschriftetes
Baumdiagramm. **Ideen werden also von vornherein in der Struktur entwickelt,** das
ist ein wesentlicher Unterschied zum Brainstorming. Es wird mit einem zentralen Thema
auf der Mitte eines weißen Blatts begonnen und daraus wachsen Äste zu verschiedenen
Themengebieten.

In der Abb. 2.3 können Sie hierzu ein Beispiel aus dem täglichen Leben sehen. Wenn
Sie über Ihr nächstes Mittagessen nachdenken, dann stellt sich sofort die Frage nach dem

Abb. 2.3 Mind Map

wo, was, mit wem und wie dringend ist es nötig. Im Kapitel zur Projektplanung wird diese Methode für ein reales Planungsbeispiel verwendet.

Inzwischen gibt es auch eine ganze Reihe von Programmen, um Mind Maps elektronisch zu erstellen – sowohl kostenpflichtige Software, als auch freie zum Herunterladen, beispielsweise:

- **Freemind:** http://freemind.softonic.de
- **Elke Fleing:** http://www.deutsche-startups.de/2012/02/24/die-10-besten-programme-um-mind-maps-zu-erstellen/
- **Freeplane:** http://freeplane.sourceforge.net/wiki/index.php/Main_Page

Teamversionen auch für mobile Geräte:

- **Elke Fleing:** http://www.deutsche-startups.de/2012/03/02/mindmapping-im-team-online-zusammenarbeit-leicht-gemacht/
- **Mindmeister:** https://www.mindmeister.com/de
- **Wisemapping:** http://www.wisemapping.com/

Die Vorteile der digitalen Variante: Wenn Sie die Mind Maps auf ein gemeinsames Laufwerk legen, können andere sie kontinuierlich ergänzen. Verweise auf Dateien oder Internetquellen können eingebunden werden, was die Effizienz bei der Dokumentation der Ideensammlung erhöht. Jetzt kommt ein „Aber": Das Malen mit der Hand ist für viele ein kreativer Teil der Ideenfindung. Es kann also gut sein, dass Sie die elektronische Variante nicht mögen, und das hat seine Berechtigung.

2.1.3   Die 6-Hüte-Methode

Die 6-Hüte-Methode (vgl. de Bono 1990) wurde 1986 von Edward de Bono erstmals vorgestellt. Sie kommt dann zum Einsatz, **wenn etwas aus verschiedenen Blickwinkeln diskutiert werden soll.** Diese Verfahrensweise wirkt dem üblichen „parallelen Denken" entgegen: Bei Gruppendiskussionen zu bestimmten Aufgabenstellungen werden Meinungen und Sichtweisen gewöhnlich gemeinsam geändert, um Konflikte zu vermeiden. Die 6-Hüte-Methode bietet den Vorteil, dass der Einzelne aus einer ganz bestimmten Rolle heraus agiert und argumentiert und deshalb **ein offener Umgang miteinander möglich** ist.

Jeder Student nimmt eine bestimmte Rolle ein und kennzeichnet sich durch **einen farbigen Hut, ein Band oder etwas Ähnliches.** Jeder „Hut" entspricht einer Denkweise oder einem Blickwinkel (vgl. Kreativitätstechnik online 2015):

Der weiße Hut: analytisches Denken
Der weiße Hut steht dafür, Informationen zu sammeln, ohne sie zu werten. Wie für einen Computer zählen nur die nackten Fakten und Zahlen. Dieser Hut wird häufig zu Beginn einer Diskussion aufgesetzt, um einen ersten Überblick zu erhalten.

Der rote Hut: emotionales Denken
Der Träger agiert empfindlich und emotional, harmoniebedürftig und gefühlvoll. Lassen Sie immer Ihren Bauch sprechen, nicht den Kopf. Alles Diffuse, alles Gefühlsmäßige kann mit dem roten Hut ausgesprochen werden, ohne dass Sie sich rechtfertigen müssen! Ihre Rolle liegt, im Gegenteil zu allen anderen Rollen, in der nicht-sachlichen Ebene im Prozess.

Der schwarze Hut: kritisches Denken
Der schwarze Hut symbolisiert das Suchen von objektiv negativen Aspekten des Problems oder der Fragestellung. Dazu gehören Bedenken, Zweifel, Risiken, also alle sachlichen Argumente, die gegen eine Idee bzw. eine Entscheidung sprechen oder die eine Fragestellung verneinen.

Der gelbe Hut: optimistisches Denken
Der Träger sieht nur das objektiv Positive, ist stets optimistisch und stellt den Gegenpol zum schwarzen Hut dar. Das Erkennen aller Aspekte, die für eine Entscheidung oder eine Idee sprechen, ist seine Aufgabe. Das Ziel ist es, Chancen oder Pluspunkte zu finden, aber auch realistische Hoffnungen und erstrebenswerte Ziele zu formulieren.

Der grüne Hut: kreatives, assoziatives Denken
Der grüne Hutträger ist innovativ, hat kreative Ideen und sucht Alternativen. Er nutzt das Mittel der Provokation, um andere zum Widerspruch zu reizen. Der Träger des grünen Huts darf alles formulieren, was zu neuen Ideen und Ansätzen führt, unabhängig davon, wie verrückt oder unrealistisch die Ideen sind. Bewerten darf er sie aber nicht.

Der blaue Hut: ordnendes, moderierendes Denken
Der blaue Hut steht für einen Planer, ein Organisationstalent, das den Überblick über den Gesamtprozess hat. Der Träger dieses Hutes ist somit Moderator in der Diskussion und fasst Ergebnisse zusammen.

> ▶ Wichtig ist, dass Sie in Ihrer definierten Denkweise agieren, auch wenn es Ihnen nicht leicht fällt!

Beispiel: Überarbeitung der Abschlusspräsentation

Die Gruppe ist euphorisch, weil das Projektende naht und sie nun gemeinsam an der Projektpräsentation arbeitet. Das Projekt lief gut und das Team hatte viel Spaß. In der Gruppe fehlte eine Person, die perfektionistische Züge hat, so dass alle eher leichtfertig gearbeitet haben und die 80/20-Regel oft zum Einsatz kam. (Pareto-Prinzip: 80 % der Arbeit lässt sich mit 20 % Aufwand erledigen. Die restlichen 20 % erfordern dagegen 80 % Aufwand, also viermal so viel: Perfektion ist teuer!). Das wurde vom Betreuer in den Statusupdates mehrfach widergespiegelt, aber keiner hatte Lust, sich darauf einzulassen. Die Teammitglieder haben jedoch den Ehrgeiz, gemeinsam eine perfekte Abschlusspräsentation zu gestalten, daher betrachten sie ihren letzten Entwurf mit der 6-Hüte-Methode – vielleicht auch eher wegen des Spaßfaktors.

Einer ist nun in der Rolle des Kritikers und soll diese auch ausleben (schwarzer Hut). Da er die Rolle spielt, wird es ihm niemand übel nehmen, wenn er Rechtschreibfehler anprangert oder unübersichtliche Grafiken in Frage stellt. Das hätte er sonst nicht gemacht, weil er in der Gruppe nicht als Kleinkrämer dastehen will. Jetzt sucht er aber nach Problemen oder nicht ausreichend begründeten Schlussfolgerungen und stellt Fragen, wie sie ganz schweren Prüfern einfallen könnten. Damit testet er, wie sattelfest jeder einzelne in seinem Thema wirklich ist. Was passiert, wenn der Beamer ausfällt oder der Computer im Hörsaal nicht funktioniert? Gibt es Backup-Lösungen?

2.1.4   Die 6-3-5-Methode

Mit der 6-3-5-Methode werden Ideen schriftlich gesammelt, sie ist eine Form des **Brainwriting**. Sie wurde 1968 vom Unternehmensberater Bernd Rohrbach entwickelt (vgl. Rohrbach 1969). Es erhalten 6 Teilnehmer ein jeweils gleich großes Blatt Papier. Dieses wird mit 3 Spalten und 6 Zeilen in 18 Kästchen aufgeteilt. Jeder Teilnehmer wird aufgefordert, in der ersten Zeile drei Ideen (je Spalte eine) zu formulieren. Tab. 2.1 zeigt den Aufbau. Jedes Blatt wird nach angemessener Zeit – je nach Schwierigkeitsgrad der Problemstellung etwa drei bis fünf Minuten – von allen gleichzeitig im Uhrzeigersinn wei-

Tab. 2.1 3-6-5 Methode

	Idee 1	Idee 2	Idee 3
Person 1			
Person 2			
Person 3			
Person 4			
Person 5			
Person 6			

tergereicht. Der Nächste soll versuchen, die bereits genannten Ideen aufzugreifen, zu er-gänzen und weiterzuentwickeln.

6 Teilnehmer, je 3 Ideen, 5 Mal weiterreichen – so entstehen innerhalb von 30 min maximal 108 Ideen: 6 Teilnehmer × 3 Ideen × 6 Zeilen. Es ist also eine effiziente Methode, **um in kurzer Zeit möglichst viele Ideen zu sammeln, ohne viel zu diskutieren.**

2.2   Das Projektziel festlegen und die Anforderungen definieren

Auswertungen von fehlgeschlagenen Projekten zeigen, dass einer der häufigsten Gründe **Unklarheit über die Anforderungen an das Projekt** ist. Das ist im Studium nicht anders.

2.2.1   Ihr Projektauftrag

Es ist eine bewährte Methode, am Projektanfang die **Aufgabenstellung auf einer Seite zusammenzufassen.** Das ist Ihr Projektauftrag und mit seiner Formulierung endet die Startphase. Er wird sowohl vom Auftraggeber als auch vom Projektteam unterschrieben. So sind Betreuer und Projektmitarbeiter sicher, dass der Projektauftrag richtig verstanden wurde. Ein gängiges Muster für den Aufbau eines Projektplans:

• Projektleitung und Team
• Ziel
• Aufgabenstellung
• Zu erarbeitende Ergebnisse
• Budget/Projektkosten (Sach- und Personalkosten)
• Randbedingungen
• Termine/Meilensteine
• Unterschriften
• Anhang: Organigramm, Projektplan mit Meilensteinen, bei Bedarf: Kosten- und Res-sourcenplan

Ein Projektauftrag **sollte auf eine DIN-A-4-Seite passen** – wenn er länger ist, können Sie es als Zeichen dafür sehen, dass Sie das Thema noch nicht auf den Punkt bringen konnten. Bei manchen Projekten ist es notwendig, die Anforderungen noch detaillierter zu beschreiben. In diesen Fällen ist ein Pflichtenheft zu erstellen, was im nächsten Kapitel vorgestellt wird.

Ein Wort zum Thema Budget/Kosten: Vielleicht haben Sie ein reales Budget der Hoch-schule zur Verfügung. Setzen Sie Ihre Kosten sonst virtuell an. Vielleicht machen Sie dies mit einem realen Stundenlohn, der marktüblich für Ihre Branche ist, oder mit einem

Abb. 2.4 Projektausschreibung, Beispiel BSC

Stundensatz als studentische Hilfskraft. Vielleicht haben Sie auch interne Stundensätze, z. B. für persönlichen Know-how-Aufbau…, und Stundensätze, die Sie auch einem realen Kunden in Rechnung stellen würden. Warum ist dieser Punkt im Projektauftrag? Sie sollen ein Gefühl für den Wert Ihrer Arbeit bekommen. Später im Review Ihres Projektes, werden Sie sich fragen, ob Ihre Leistung/Ergebnis die Kosten rechtfertigt.

Beispiel 1: Projektausschreibung über ein Internetportal der Hochschule und entsprechender Projektauftrag

Abbildung 2.4 zeigt die Projektausschreibung.

Die Studierenden, die das Projekt durchführten, erarbeiteten zu Beginn im Gespräch mit der Betreuerin einen Projektauftrag. Darin hielten sie die Vorgehensweise und die Erwartung an das Ergebnis fest:

Projektauftrag „Entwicklung eines Logistik-Cockpitcharts"

Team BSC: Projektleitung und Team

Ziel: Betriebswirtschaftliche Entwicklung eines Cockpitcharts für die Logistik einer zu definierenden Firma und Erstellung eines Prototyps

Aufgabenstellung
* Organisation des Projektes
* Definition einer Beispielfirma „Kids4fun"
* Erarbeitung der logistischen Prozesse
* Ermittlung von logistischen Kennzahlen für die Beispielfirma
* Auswahl und Bewertung der Kennzahlen für das Cockpitchart unter Anwendung der Prinzipien einer BSC
* Realisierung eines Prototyps am PC

Zu erarbeitende Ergebnisse:
* Darstellung der logistischen Prozesse
* Beschreibung der Kennzahlen, Messmethoden, Messfehler
* Prototyp eines Cockpitcharts
* Erklärung von mindestens zwei Szenarien im Cockpitchart

Budget (V €=virtuelle Euro):
Sachkosten 400 € (reales Budget der Fakultät)
Personalkosten 8 h * 120 Std * 75 V € (virtuelle Euro)=72.000 V €

Randbedingungen:
Kontakte zu Firmen, durch die Betreuerin gegeben
Literatur aus der BiB, Internet
PC-Labor

Termine/Meilensteine: (im anhängenden Projektplan)
Start: 01.04.2012, Abschlusspräsentation: 02.07.2012

Datum und Unterschriften der Studierenden und der Betreuerin

Das Ergebnis soll nicht nur das in der Ausschreibung geforderte Cockpitchart als Prototyp sein, sondern es sollen auch mindestens zwei betriebswirtschaftliche Szenarien durchgespielt und erklärt werden. Die Prozesse und die Kennzahlen selbst sind zu beschreiben. Das stand so detailliert nicht in der Ausschreibung!

Beispiel 2: Projekt „Labororganisation"

Hierfür gab es keine schriftliche Ausschreibung, sondern auf einer Veranstaltung am Ende des Semesters wurden alle Projekte für das kommende Semester von den Professoren kurz mündlich vorgestellt. Am Ende der Veranstaltung mussten sich die Studierenden für ein Projekt entscheiden und verbindlich anmelden. Die Semesterferien sollten genutzt werden, um sich in das Thema einzuarbeiten, wofür der Professor Unterlagen zur Verfügung stellte. Den Projektauftrag erstellten die Studierenden am Anfang des neuen Semesters:

Projektauftrag „Labororganisation"
Projektleitung und Team
Start: 01.04.2011, Dauer: 10 Wochen

Zielsetzung: Ziel dieses Projektes ist, bis Ende des SS im Rahmen der Lehrveranstaltungen „Prüfverfahren und Mikroskopie" ein einheitliches Labororganisationssystem für die Materialographie zur Rückverfolgbarkeit von Proben/Schliffen zu konzipieren und einzuführen.

Aufgabenstellung:

Um dieses Ziel zu erreichen, sollen folgende Aufgaben/Arbeitspakete durchgeführt werden:
- Organisation des Projektes
- Probentüten/Archivierung im Probenschrank
- Probenbeschriftung
- Arbeits- und Laufkarten
- Organisation in Datenverarbeitungssystemen (PC)
- Probeläufe/Abstimmung mit den anderen Projektgruppen

Zu erarbeitende Ergebnisse:
- Evaluation zu den Probeläufen
- Arbeitsanweisung/Funktionalität im Alltag

Budget/Projektkosten (V €= virtuelle Euro):

Personalkosten:

Arbeitsstunden pro Person 3 h/Woche à 75 V € * 10 Wochen = 2.250 V € 4 Personen = 9.000 V €

Materialkosten: Verbrauchsmaterial/ Kunststoffe	100 V €
Gesamt	*9.100 V €*

Randbedingungen: Stellung von PC, Probenschrank, Materialien

Termine, Meilensteine: siehe Projektplan

Anhang: Projektplan, Organigramm

Datum und Unterschriften der Studierenden und des Professors

2.2.2 Pflichtenheft und Lastenheft

Handelt es sich um ein **Entwicklungsprojekt**, so ist die Erstellung eines Pflichtenhefts mit Spezifikationen oftmals seitens der Hochschule als Teil der Projektaufgabe vorgesehen. Schauen Sie dazu in Ihre Skripte: Das Pflichtenheft wurde dort sicher in Ihrem Fachbereich durchgenommen und Sie können das als Vorlage verwenden. Üblich ist das Pflichtenheft **insbesondere im Maschinenbau, in der Elektrotechnik und Informatik**.

- Laut DIN 69901-5 umfasst das **Pflichtenheft** die „... vom Auftragnehmer erarbeiteten Realisierungsvorgaben aufgrund der Umsetzung des vom Auftraggeber vorgegebenen Lastenhefts". Nach VDI-Richtlinie 2519 Blatt 1 ist das Pflichtenheft: die Beschreibung der Realisierung aller Kundenanforderungen, die im Lastenheft gefordert werden. Im Pflichtenheft wird also beschrieben, wie die Anforderungen des Auftraggebers umgesetzt werden sollen.

- **Das Lastenheft** wird vom Auftraggeber gestellt (dem Lehrstuhl), das Pflichtenheft vom Auftragnehmer (der Projektgruppe). Meistens liegt vom Professor jedoch kein Lastenheft vor, sondern nur eine Projektausschreibung oder ein mündlicher Vortrag. Daher wurde an dieser Stelle auf ein Beispiel zum Lastenheft verzichtet. Beschrieben ist ein Lastenheft in DIN 69901-5.

Im Internet gibt es einige **Links, an denen Sie kostenlos Vorlagen** herunterladen können. Beispielsweise unter: http://www.projektmanagement-freeware.de/pflichtenheft-maschinenbau-k-59.html.

Die Erstellung eines Lasten- oder Pflichtenheftes wird Ihnen auch im Berufsleben oftmals begegnen. Es ist also eine gute Gelegenheit, sich darin zu üben. Im Review am Ende des Projektes sollten Sie sich mit Ihrem Pflichtenheft nochmals auseinandersetzen, um zu erfahren, was Sie das nächste Mal besser machen können. Im Berufsleben sind insbesondere **unspezifische Formulierungen im Pflichtenheft** oftmals die Basis für Rechtsstreit. Schauen Sie sich Ihr Pflichtenheft auch diesbezüglich zusammen mit Ihrem Betreuer an. Das sind Erfahrungen, die Ihnen später viel Geld sparen können!

Beispiel: Struktur eines Pflichtenheftes in der Informatik

- Zielbestimmung
  - Musskriterien: Leistungen, die in jedem Fall erfüllt werden müssen.
  - Sollkriterien: Die Erfüllung der Leistung wird angestrebt.
  - Kannkriterien: Die Erfüllung kann angestrebt werden, falls noch ausreichend Kapazitäten vorhanden sind. Sie sind als Ausblick z. B. für Erweiterungen zu sehen.
  - Abgrenzungskriterien: Diese Leistungen oder Eigenschaften werden bewusst vom Umfang ausgeschlossen.
- Produkteinsatz
- Zielgruppen für das Produkt
- Anwendungsbereiche des Produktes
- Betriebsbedingungen: physikalische Umgebung des Systems, tägliche Betriebszeit, Betrieb mit und ohne Aufsicht
- Anforderungen an die Wartung z. B. Releasewechsel
- Produktübersicht: kurze Übersicht über das Produkt
- Produktfunktionen: detaillierte Beschreibung der einzelnen Bestandteile
- Produktleistungen: Spezifikation durch genaue Beschreibung
- Qualitätsanforderungen: Festlegung
- Benutzeroberfläche und Zugriffsrechte: grundlegende Anforderungen
- Einzuhaltende Gesetze und Normen sowie sonstige nicht funktionale Anforderungen

- Technische Produktumgebung wie Software, Hardware, Orgware und Schnittstellen, mit denen das Produkt in Betrieb geht, sowie spezielle Anforderungen an die Entwicklungsumgebung
- Ergänzungen
- Glossar, in dem Fachausdrücke erläutert werden

2.3   Projektaufbau – wer macht was im Projekt?

Auch wenn letztlich alle zusammen am Projekt arbeiten und der eine dem anderen hilft oder zuarbeitet, so muss es doch immer jemanden geben, der für ein Arbeitspaket oder eine Aufgabe verantwortlich ist. Im Folgenden wird Ihnen daher gezeigt, wie Sie die verschiedenen **Rollen im Team definieren und verteilen** können.

2.3.1   Wer sind Ihre Stakeholder?

Jetzt ist schon mehrfach der Begriff Stakeholder (vgl. Wirtschaftslexikon online 2015) gefallen, es ist also an der Zeit, ihn zu klären. Der Ausdruck stammt aus dem Englischen. „Stake" kann mit Einsatz, Anteil oder Anspruch übersetzt werden, „holder" mit Eigentümer oder Besitzer. Der **Stakeholder** ist also jemand, dessen Einsatz auf dem Spiel steht und der daher ein Interesse an der Entwicklung seines Einsatzes hat.

▶   Im übertragenen Sinne wird „Stakeholder" aber nicht nur für Personen verwendet, die tatsächlich einen Einsatz geleistet haben, sondern für jeden, der ein Interesse am Verlauf oder Ergebnis eines Prozesses oder Projektes hat.

Nach ISO 10006 sind „… Stakeholder eines Projektes alle Personen, die ein Interesse am Projekt haben oder von ihm in irgendeiner Weise betroffen sind." Es gibt zwei Gruppen von Stakeholdern: die **internen wie Eigentümer, Manager und Mitarbeiter** sowie die **externen wie Lieferanten oder Kunden, aber auch Gesellschaft, Staat und die Gläubiger,** wie in Abb. 2.5 zu sehen ist.

Abb. 2.5 Stakeholder

Es wird weiter in aktive und passive Stakeholder unterschieden. **Aktive Stakeholder arbeiten direkt am Projekt mit** (z. B. Teammitglieder) oder sind direkt vom Projekt betroffen (z. B. Kunden, Lieferanten, Unternehmensleitung). Üblicherweise werden aktive Stakeholder in der Projektumfeldanalyse (vgl. MC2 online 2015) nach folgenden Gruppen strukturiert:

* Projektleiter
* Projektmitarbeiter (Kernteam und erweitertes Projektteam)
* Kunden, Benutzer
* Auftraggeber
* Sponsoren, Macht- und Fachpromotoren

Passive Stakeholder sind von der Projektdurchführung oder den Projektauswirkungen **nur indirekt betroffen** (Interessenvertretungen, Anrainer bei einem Bauprojekt, Familienmitglieder der Projektmitarbeiter, Verbände etc.).

Es ist also sinnvoll, sich darüber Gedanken zu machen:

* **wer** die Stakeholder Ihres Projektes sind (namentlich benennen),
* worin ihre **Interessen** bestehen, was ihnen persönlich wichtig ist,
* wie die **Abhängigkeiten** und die Einflussverhältnisse (Macht) sind.

Analyseverfahren helfen dabei, die Stakeholder zu bestimmen, beispielsweise die **Stakeholderanalyse** (vgl. Business-Wissen online 2015). Das Ergebnis ist der Grundstein für den **Kommunikationsplan** (vgl. Unlocking-Potential online 2015) mit den Stakeholdern, der im Fall des Projektes an der Hochschule recht einfach ist: Sie haben die regelmäßigen **Statusupdates** mit dem Betreuer, die in der Regel wöchentlich während der SWS stattfinden. **Teamtreffen oder Telefonkonferenzen** über Skype sind Ihre Kommunikationsplattform im Projektteam selbst. Manchmal werden auch **Zwischenberichte zu Meilensteinen** von Ihnen erwartet. Das erstreckt sich auch auf Partnerfirmen, wenn es ein Projekt mit externer Beteiligung ist.

Beispiel 1: Auftraggeber, Professor Dr. Mayer

Interessen:
    Als Auftraggeber besteht ein Interesse am Resultat des Projektes
* am Lernfortschritt der Studenten in der Rolle des Lehrenden
* an der Außenwirkung z. B. Werbung für die Hochschule in der Rolle der Hochschulvertretung

Wichtig ist:
* pünktlich erscheinen
* Statusbericht kurz und knapp auf einer Seite mitbringen

Abhängigkeit:
*   wichtige Informationsquelle für das Projektteam
*   Genehmigung von Exkursionen und Budget
Einfluss:
*   Benotung der Studenten
*   Herstellung von Kontakten und sonstige Unterstützung
*   sicher auch in der Rolle als Meinungsbildner

Beispiel 2: Projektmitarbeiter, Studentin Lisa Müller

Interessen:
*   Wissen erweitern und Verständnis aufbauen
*   möglichst gute Note mit geringstem Arbeitseinsatz
*   Außenwirkung, z. B. Projektergebnis, nutzen für Bewerbungen
Wichtig ist:
*   Skype nutzen
*   Achtung: mögliche Zielkonflikte wegen des Jobs bei der Firma!
Abhängigkeit:
*   Ist die beste Programmiererin im Projektteam mit Erfahrung in einer ähnlichen Aufgabenstellung.
Einfluss:
*   Jobbt bei der Partnerfirma des Projektes, kann also informelle Wege nutzen z. B. für Informationen.

Wenn Sie eine Stakeholderanalyse das erste Mal erstellen, so ist es sicher befremdlich, ein solches Schubladendenken auf eine Person anzuwenden. Sie werden aber sehen, dass Ihnen diese Denkweise auch im Berufsleben helfen wird, die Erwartungen und Bedürfnisse anderer Personen besser einzuschätzen: einfach nur dadurch, dass Sie darüber nachdenken und sich die Zusammenhänge bewusst machen.

2.3.2   Die Struktur des Projektteams festlegen

Mit etwas Glück besteht das Projektteam aus Studenten mit ganz unterschiedlichen Interessen, z. B.

*   einer moduliert gerne Prozesse und beherrscht entsprechende Instrumente
*   einer verfügt über exzellente Programmiererfahrung
*   einer recherchiert gerne
*   einer hat keine Berührungsängste und geht gerne auf Außenstehende zu

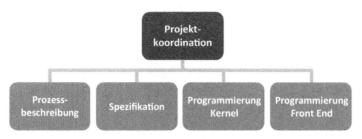

Abb. 2.6 Projektaufbau – Projektstrukturplan

- einer ist sehr kreativ und bringt neue Ansätze und Ideen hinein
- einer organisiert gerne
- einer kann gut schriftlich zusammenfassen
- einer hat Verkaufstalent und Präsentationserfahrung

Es ist sehr hilfreich, die **Aufgaben nach den persönlichen Neigungen zu verteilen** – das steigert die Chancen auf Erfolg. Um herauszufinden, in welcher Rolle sich die einzelnen Projektmitglieder am besten einsetzen lassen, ist es sinnvoll, einen Rollentest zu machen. Informationen finden Sie im Abschn. 2.4. Die Rollenverteilung kann sich beispielsweise an den Arbeitspaketen orientieren, wie im folgenden Beispiel einer Softwareentwicklung in Abb. 2.6.

Die **Projektkoordination** übernimmt die organisatorischen Aufgaben, informiert alle Stakeholder oder bereitet die Unterlagen zum Statusupdate vor. Die Projektkoordination kann aus ein bis drei Rollen bestehen: Projektleiter, Controller, Dokumentar. Diese können von einer Person oder von mehreren Personen wahrgenommen werden. Die drei Rollen mit ihren Aufgaben werden im folgenden Kapitel beschrieben. In der **Prozessbeschreibung** werden die zu erarbeitenden Prozesse moduliert und beschrieben. In der **Spezifikation** werden technische und inhaltliche Spezifikationen zusammengefasst und dokumentiert. Die Programmierung ist in diesem Beispiel aufgeteilt in das **Front-End** und das eigentliche Programm, den **Kernel**. Das heißt nicht, dass hier z. B. fünf Studenten klar abgegrenzte Themen haben, die sie unabhängig voneinander bearbeiten.

► Jeder ist für die Bearbeitung seines Themenbereichs in der Führungsrolle und in der Verantwortung. In der jeweiligen Projektphase arbeiten beispielsweise alle zusammen an der Ermittlung und Beschreibung der Spezifikationen.

2.3.3   Die Aufgaben des Projektleiters

Die Projektleitung hat eine Reihe von Aufgaben, die mit dem Team abgesprochen werden sollten, um die Erwartungen auf beiden Seiten zu klären. Mögliche Aufgaben sind:

- **Repräsentation nach außen:** Sie vertreten die Interessen und Forderungen des Teams nach außen und sind erster Ansprechpartner für den Betreuer. Dies erfordert Verhandlungsgeschick und Biss.
- **Die Koordination des Teams:** Sie prüfen und verbessern die Organisation im Team. Sie überwachen die Termine und koordinieren ggf. die Zusammenarbeit mit anderen Organisationen (z. B. externe Projektpartner) und Teams (z. B. beim Projekt-im-Projekt-Ansatz) auf ein gemeinsames Ziel hin. Echtes Organisationstalent ist also gefragt.
- **Das Team moderieren:** Teamarbeit folgt keinem hierarchischen Muster – die Entscheidungen werden gemeinsam in der Gruppe getroffen. Dieser Entscheidungsfindungsprozess kommt allerdings schnell an seine Grenzen, wenn es keinen Moderator gibt, der die Gruppe zu einer gemeinsamen Entscheidung führt. Dieser Moderator muss aber nicht immer die Projektleitung sein!
- **Beratung des Teams in sachlichen und persönlichen Fragen:** Als Projektleitung stehen Sie Ihrem Team jederzeit beratend zur Seite. Es wird Situationen geben, in denen Sie ein Teammitglied um ein persönliches Gespräch bittet. Eine gute Menschenkenntnis und die Fähigkeit, auch Fragen, die nicht aus Ihrem Aufgabenbereich stammen, zu verstehen und zu analysieren, sind hier besonders wichtig. **Ein ganz typisches Beispiel:** Ein Teammitglied kommt auf Sie zu, um über Probleme mit einem anderen Gruppenmitglied zu sprechen. Sie hören den Äußerungen zu und erwägen, ob das Problem unter vier Augen gelöst werden kann, vor dem Team besprochen oder es zum Betreuer eskaliert werden sollte. Sie schlagen die für Sie richtige Vorgehensweise vor.
- **Konflikte lösen:** Bei der Zusammenarbeit kommt es aufgrund der intensiven gemeinsamen Tätigkeiten leicht zu Reibungen und Konflikten. Wenn diese gehäuft auftreten, leidet die Effektivität des Teams darunter. Dies kann bis zu seiner Auflösung gehen. Um es gar nicht erst so weit kommen zu lassen, vermitteln Sie bei Konflikten. Wichtig ist, Konflikte rechtzeitig erkennen zu können (siehe Abschn. 3.8 zum Konfliktmanagement).

2.3.4 Die Aufgaben des Projektcontrollers

Der Projektcontroller ist für die Qualitätssicherung zuständig. Seine Aufgabe ist es daher nachzuhalten, ob die Anforderungen erfüllt werden, die im Projektauftrag stehen. Er pflegt die **Taskliste** und bereitet **Statistiken für die Statusupdates** vor. Das sind insbesondere die **Ressourcenplanung** und der **aktuelle Projektplan**, um aufzuzeigen, wie das Projekt voranschreitet. Controller und Leiter arbeiten eng zusammen bzw. werden beide Rollen in Projekten an der Hochschule häufig von einer Person ausgeübt. Der Controller ist mehr auf der Sachebene, die Projektleitung mehr auf der Führungsebene aktiv.

2.3.5   Die Aufgaben des Projektmitglieds

Die Teammitglieder setzen das Projekt um. Ohne sie wird es keine Ergebnisse geben. Ihre Ideen sind gefragt: Sie recherchieren, entwickeln und testen. **Leiter, Controller und Dokumentar sind auch Teammitglieder, d. h. sie müssen auch Arbeitspakte bearbeiten. Alle Teammitglieder sollten präsentieren**, sei es einen Zwischenbericht (Statusupdate) oder ihr Arbeitspaket in der Abschlusspräsentation. Das wird explizit vom Betreuer zur Notenbildung eingefordert – stellen Sie sich also darauf ein!

2.3.6   Die Aufgaben des Dokumentars

In der Funktion des Dokumentars haben Sie die Hoheit über alle Dokumente, eröffnen die gemeinsame elektronische Arbeitsplattform (z. B. die Dropbox) und legen die **Ablagestruktur** fest. Sie dokumentieren alle **Teammeetings, Entscheidungen etc.** und erstellen die **Layouts** für alle Berichte und Präsentationen. Sie tragen die Ergebnisse der Teammitglieder zusammen.

2.3.7   Die Aufgaben des Professors

Im Wesentlichen hat der Professor folgende Aufgaben:

- Aufgabenstellung vorgeben
- organisatorische Rahmenbedingungen sicherstellen
- den Prozess begleiten
- Berater sein – wenn nachgefragt wird
- Prüfung halten und die Bewertung durchführen

Anders als in der Vorlesung oder im Seminar sollte der **Professor keine aktive Rolle** einnehmen, um zu vermeiden, bei der Projektbewertung seine eigene Leistung mit bewerten zu müssen. Hierauf sollte auch das Projektteam achten – schließlich ist dieser Stakeholder sonst mit eigenem Interesse am Ergebnis beteiligt. Wenn die Ergebnisse vom Professor weiterverwendet werden oder das Image der Hochschule durch Zusammenarbeit mit externen Partnern betroffen ist, so ist die Gefahr größer, dass er sich einmischt. Manchmal wird dieses Interesse am Ergebnis von den Studierenden ausgenutzt, um rascher an Informationen zu kommen oder Arbeit abzukürzen – dann stellen sie Fragen wie: „Wir wissen nicht weiter. Können Sie bitte helfen?" oder „Sehen Sie hier noch einen Fehler?" oder „Welche Variante würden Sie weiter verfolgen?".

2.4   Ist Ihr Team erfolgsversprechend zusammengesetzt?

Es ist gar nicht leicht, ein Team zusammenzustellen, das höchstwahrscheinlich erfolgreich sein wird. Sie haben dabei immer zwei Blickwinkel: Einerseits suchen Sie aufgrund des Inhalts Fachkompetenzen und Erfahrung und andererseits müssen Sie verschiedene Rollen im Team besetzen. **Heterogene Gruppen**, d. h. Gruppen, in denen verschiedene Persönlichkeiten, Werte und Vorbildungen zusammentreffen, **sind oftmals kreativer als Gruppen mit sehr homogenem Gefüge** (vgl. Fink 2007). Im Studium haben Sie oftmals nicht die Wahl, sondern müssen so zusammenarbeiten, wie Sie das Vergabeverfahren zusammengebracht hat. Daher der dringende Rat: Wenn Sie ein Thema haben, das Sie unbedingt machen wollen, **treten Sie im Vorfeld als schlagkräftiges Team an den Professor heran**. Vielleicht haben Sie die Möglichkeit, sich ein Thema zu reservieren.

2.4.1   Überprüfen Sie Ihr Team mit einem Rollentest

Ein bewährtes Mittel, um die Zusammensetzung eines Teams zu überprüfen, ist der Teamrollen-Test, die Kurzfassung des Tests ist im Internet kostenfrei verfügbar. Der englische Experte auf dem Gebiet der Team- und Führungsentwicklung Meredith Belbin untersuchte in den 1970er Jahren die Auswirkungen der Teamzusammensetzung auf die Teamleistung. Ausgehend von der **Annahme, dass das Persönlichkeitsprofil eines Menschen auf unterschiedlich stark ausgeprägten Eigenschaften** beruht, identifizierte sie drei Hauptorientierungen, welche wiederum jeweils drei der insgesamt neun Teamrollen umfassen:

- 3 **handlungsorientierte** Rollen:
  - Macher (Shaper)
  - Umsetzer (Implementor)
  - Perfektionist (Completer)
- 3 **kommunikationsorientierte** Rollen:
  - Koordinator/Leiter (Co-Ordinator)

Abb. 2.7 Bild eines ausgewogenen Teams

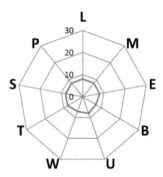

  - Teamarbeiter/Mitspieler (Teamworker)
  - Wegbereiter/Weichensteller (Resource Investigator)
- 3 **wissensorientierte** Rollen:
  - Neuerer/Erfinder (Innovator)
  - Beobachter (Monitor Evaluator)
  - Spezialist (Specialist)

Fragen Sie Ihren Betreuer nach dem Test oder Sie können ihn auch im Internet auf verschiedenen Seiten finden. Die offizielle Webeseite ist http://www.belbin.com/. Alle Teammitglieder ermitteln dabei die Ausprägung ihrer Typen und erhalten so ein Profil mit
Werten zwischen 0 und 30 je Rolle. Bilden Sie Mittelwerte und tragen Sie sie in ein
Spinnendiagramm ein, dann sehen Sie, ob Sie „rund" besetzt sind. Die Abb. 2.7 zeigt ein
idealisiertes Beispiel, bei dem alle Rollen gleich besetzt sind, so „rund" ist aber kein reales
Team.

Macher
Übt starken Einfluss auf Entscheidungsprozesse aus. Sucht nach dem Kern von Diskussionen und **stimuliert Aktion und Fortschritte** im Prozess. Scheut sich nicht, gegen andere Meinungen anzugehen, auch wenn er eine Minderheit darstellt. Wird gelegentlich als
drängelnd, autoritär oder ungeduldig empfunden. Ist unter Stress und bei hohem Tempo
produktiv.

Umsetzer
Ist ein praxisbezogener Organisator, der Entscheidungen in konkrete Aktivitäten über-
führt. Hat einen starken Bedarf nach klar formulierten Zielen, einer klaren Struktur, gutem
(Projekt-/Prozess-) Management und Controlling. Ist **fokussiert auf Dinge, die realis-
tisch und erreichbar sind.** Arbeitet zweckorientiert auf praktische Lösungen hin. Hat
Schwierigkeiten mit offenen und komplexen Situationen.

Perfektionist
Die Person hinter dem Vorhang, die auf alles achtet: dass der Plan sowie Spezifikationen
und Standards eingehalten werden und dass nichts vergessen wird. Sehr **sorgfältig und
sehr aufgabenbezogen**, was für andere manchmal verwirrend ist. Behindert gelegentlich
den Projektfortschritt mit seiner (Über-) Besorgnis, dass Dinge nicht 100-prozentig ausgeführt werden könnten.

Leiter/Koordinator
Bringt Leute zur Einigung und Übereinstimmung. **Handelt zweckorientiert, direktiv
und scheut sich nicht vor Entscheidungen.** Toleriert die Ideen und Vorstellungen anderer. Ermöglicht es dem einzelnen, seine Energien bestmöglich einzubringen. Ist stark

genug, Ratschläge beiseite zu schieben. Läuft Gefahr, Entscheidungen zu treffen, bevor eine Sache gründlich geklärt und diskutiert ist.

Teammitarbeiter
Stimuliert und unterstützt die Teammitglieder. Fördert Kommunikation und Teamgeist. Integriert Menschen und ihre Aktivitäten und hat ein offenes, vertrauensvolles Wesen. **Fokussiert seine Gedanken auf den Kern einer Sache und die Kooperation im Team.** Hat eine feine Antenne für Atmosphärisches und vermeidet Verhaltensweisen, die Widerstände bei anderen provozieren.

Weichensteller
Bewegt sich oft außerhalb des Teams und hält **Ausschau nach neuen Ideen, Entwicklungen und Anregungen.** Hält vielfältige Kontakte, ist sehr gesellig. Nimmt Ideen anderer gerne auf und braucht diesen Input, um selbst aktiv zu bleiben. Ist schnell in Diskussionen involviert und redet viel.

Erfinder/Neuerer
Hat eine starke Vorstellungskraft und ist originell. **Inspiriert sein Umfeld, sorgt für Kreativität.** Vermeidet Offensichtliches und sorgt für neue Einsichten. Hat die Tendenz, dass seine Ideen und Vorstellungen „mit ihm durchgehen", und verliert leicht den Kontakt zur Realität. Erzeugt manchmal Widerstände in der Gruppe durch einen Mangel an Realitätsbewusstsein und Praxisbezogenheit. Hat eine kritische Einstellung zu konservativen Menschen.

Beobachter/Denker
Analysiert die Herausforderung und wägt Ideen kritisch und sorgfältig ab. Zeichnet sich durch **gute Beurteilungsfähigkeit** aus. Ist seriös, sorgfältig und sehr misstrauisch gegen Euphorie. Behält im Laufe des Projektes **einen kühlen Kopf, kann sich seine Objektivität bewahren.** Mag Dispute und bringt die Suche nach alternativen Vorgehensweisen voran.

Spezialist
Verfügt über hohe Fachkompetenz, die er einbringen möchte. Agiert leicht zerstreut in der Teamarbeit, **widmet sich aber sehr fokussiert den eigenen Aufgaben.** Antriebsstark und technischer Pedant.

2.4.2   Was erwartet Sie, wenn nicht alle Rollen besetzt sind?

Fehlen Ihnen die Umsetzer und Sie haben **stattdessen sehr ausgeprägte Macher im Team,** so werden Sie viel diskutieren und Druck erleben, aber Schwierigkeiten haben, dass etwas wirklich umgesetzt wird und Sie Ergebnisse erzielen. **Fehlt Ihnen der Per-fektionist**, so kann die Qualität leiden und das Team gibt sich schnell mit der 80/20-Regel zufrieden. Auch Defizite in der Dokumentation und in der gewissenhaften Abarbeitung aller Aufgaben kommen dann häufig vor. Es fehlt Ihnen der Projektcontroller. **Fehlen Ihnen Erfinder und/oder Spezialisten**, so werden Sie Mühe haben, sich dem Thema fachlich zu nähern, und es mangelt an Ideen, was überhaupt zu tun ist. Häufig werden dann Betreuer nach fachlichem Rat und Ideen gefragt, weil dem Team die Kreativität in der Lösungssuche fehlt.

In all diesen Fällen, eines nicht optimal besetzten Teams, müssen Sie daran denken, die fehlenden Rollen trotzdem bewusst einzunehmen. Dann kommen Sie auch mit diesen Konstellationen klar. In aller Regel haben Sie aber in Teams immer wenigstens etwas von allen Rollen. Einige Professoren führen den Teamrollen-Test standardmäßig vor der finalen Besetzung der Projektteams durch. Gibt es erhebliche Defizite in der Besetzung, wird nochmals umgruppiert, so dass stimmige Teams entstehen.

2.5 Projektplanung

Mit der Erstellung des Pflichtenhefts oder der Bestätigung des Projektauftrags ist die Orientierungsphase abgeschlossen. Dann steht die letzte Aufgabe der Startphase an: die Erstellung des initialen Projektplans.

Die Richtgröße für die erste Terminplanung sind die **Meilensteine und bereits vor-gegebene Termine**. Diese Ecktermine müssen kombiniert und abgestimmt werden mit der Dauer und den nötigen Ressourcen der Arbeitspakete, die sich aus dem Inhalt des Projektes ergeben. Abbildung 2.8 zeigt den Zusammenhang.

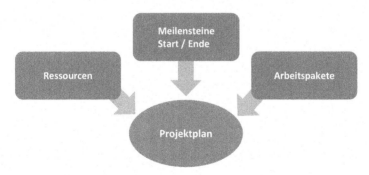

Abb. 2.8 Projektplanung

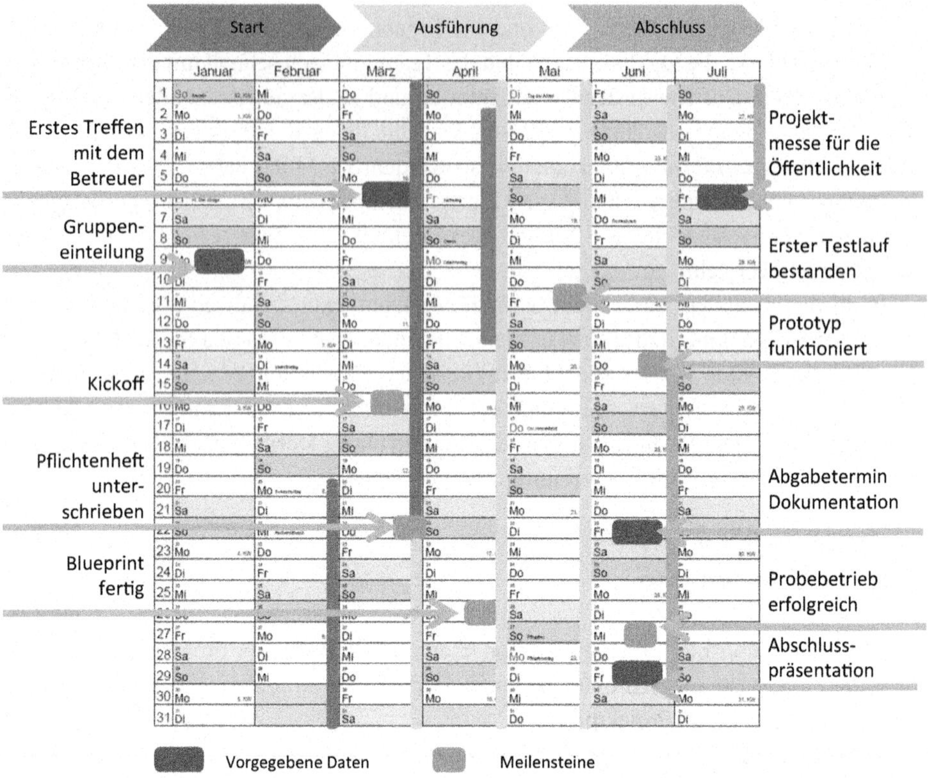

Start   Ausführung   Abschluss

	Januar	Februar	März	April	Mai	Juni	Juli
1	So	Mi	Do	So	Di	Fr	So
2	Mo	Do	Fr	Mo	Mi	Sa	Mo
3	Di	Do	Fr	Di	Do	So	Di
4	Mi	Fr	Sa	Mi	Fr	Mo	Mi
5	Do	Sa	So	Do	Sa	Di	Do
6	Fr	So	Mo	Fr	So	Mi	Fr
7	Sa	Di	Mi	Mo	Mo	Do	Sa
8	So	Di	Do	So	Di	Fr	So
9	Mo	Do	Fr	Mo	Mi	Sa	Mo
10	Di	Fr	Sa	Di	Do	So	Di
11	Mi	Sa	So	Mi	Fr	Mo	Mi
12	Do	So	Mo	Do	Sa	Di	Do
13	Fr	Mo	Di	Fr	So	Mi	Fr
14	Sa	Di	Mi	Sa	Mo	Do	Sa
15	So	Mi	Do	So	Di	Fr	So
16	Mo	Do	Fr	Mo	Mi	Sa	Mo
17	Di	Fr	Sa	Di	Do	So	Di
18	Mi	Sa	So	Mi	Fr	Mo	Mi
19	Do	So	Mo	Do	Sa	Di	Do
20	Fr	Mo	Di	Fr	So	Mi	Fr
21	Sa	Di	Mi	Sa	Mo	Do	Sa
22	So	Mi	Do	So	Di	Fr	
23	Mo	Do	Fr	Mo	Mi	Sa	Mo
24	Di	Fr	Sa	Di	Do	So	Di
25	Mi	Sa	So	Mi	Fr	Mo	Mi
26	Do	So	Mo	Do	Sa	Di	
27	Fr	Mo	Di	Fr	So	Mi	
28	Sa	Di	Mi	Sa	Mo	Do	Sa
29	So	Mi	Do	So	Di	Fr	So
30	Mo		Fr	Mo	Mi	Sa	Mo
31	Di		Sa		Do		Di

Linke Beschriftungen: Erstes Treffen mit dem Betreuer — Gruppeneinteilung — Kickoff — Pflichtenheft unterschrieben — Blueprint fertig

Rechte Beschriftungen: Projektmesse für die Öffentlichkeit — Erster Testlauf bestanden — Prototyp funktioniert — Abgabetermin Dokumentation — Probebetrieb erfolgreich — Abschlusspräsentation

Legende: ■ Vorgegebene Daten   ■ Meilensteine

Abb. 2.9 Projektplan mit dem Kalender erstellen

2.5.1   Wie gehen Sie vor, um einen ersten Plan aufzustellen?

Beginnen Sie auf keinen Fall mit einer Projektplanungssoftware. Sie beschäftigen sich dann so sehr mit der Software, dass Sie zu wenig Zeit für den Inhalt verwenden. Es klingt banal, aber es ist am wirkungsvollsten, ganz simpel vorzugehen:

- **Kalender** eröffnen und gegebene Daten eintragen, wie Start und Ende, Ferien oder Ähnliches, fix vorgegebene Termine von extern, z. B. Besichtigungen oder Zwischengespräche
- **Meilensteine** definieren und terminieren
- **Arbeitspakete** grob festlegen und den Zeitbedarf schätzen (Ferienzeiten oder andere Zeiten im Studium berücksichtigen) sowie Ressourcen zuordnen und abstimmen

Die Abb. 2.9 zeigt ein Beispiel für die Erstellung eines ersten Zeitplans. Erst danach übertragen Sie Ihren Plan in ein Gantt-Diagramm oder setzen Projektplanungssoftware ein.

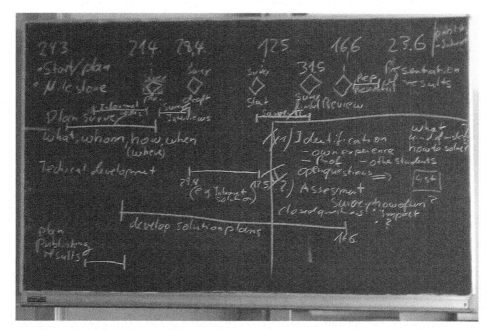

Abb. 2.10 Beispiel Projektplan an der Tafel

Laden Sie sich einfach einen Kalender aus dem Internet und drucken ihn aus, das ist sehr pragmatisch, z. B. bei: http://www.schoenherr.de/download/kalender.php.

Jetzt liegt ein erster Überblick über die grobe Struktur des Projektes vor. Auf dieser Basis können die „Teilprojektleiter" ihre **Teilaufgabenpakete** abschätzen und **mit der Meilensteinplanung abgleichen**. Prüfen Sie, ob das **Arbeitsvolumen des Einzelnen** mit den Meilensteinen konform geht. Steht ein Student evtl. nicht zur Verfügung wegen Kollision mit anderen Studienthemen, aus privaten oder beruflichen Gründen? Bestehen Abhängigkeiten, die ggf. zu Wartezeiten führen? Wurden alle Labore oder andere benötigte Komponenten bei der Meilensteinplanung berücksichtigt und können sie zu den geplanten Zeiten auch genutzt werden?

▶   Ganz wichtig: Der erste Plan ist ein erster Plan. Er wird sich ganz sicher im Laufe
     des Projektes iterativ verändern.

Alternativ dazu können Sie Ihren Plan auch auf einer Tafel oder einem Blatt Papier entwerfen. Diese Vorgehensweise ist in Abb. 2.10 zu sehen, einem Projektplan für eine Internetumfrage. Start und Ende sind vorgegeben: 24.3. und 23.6. Dazwischen sind vier Treffen mit der Betreuerin fest vorgegeben: 21.4., 28.4., 12.5., 16.6. Somit ist der zeitliche Rahmen gesetzt. Die Abschlusspräsentation und die Abgabe der Dokumentation wurden auf den 2. und 3.7. festgelegt.

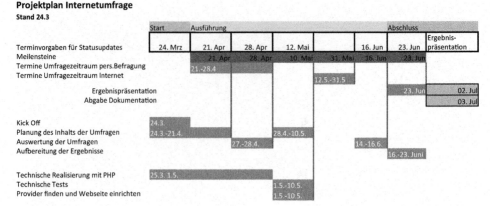

Projektplan Internetumfrage
Stand 24.3

Abb. 2.11 Beispiel Projektplan elektronisch

Zuerst werden die Meilensteine als Rauten gesetzt, dann mit Balken die Hauptaufgaben eingetragen. Hier gibt es zwei Hauptaktivitäten:

- Umfrage Teil 1 (Sammlung der Umfrage-Themen mit offenen Fragen durch persönliche Gespräche) und
- Umfrage Teil 2 (Assessment der ermittelten Fragen aus Teil 1 durch eine geschlossene Umfrage im Internet).

Weitere Arbeitspakete sind die technische Umsetzung im Internet, die Auswertung der Ergebnisse, die Entwicklung von Plänen zur Verarbeitung der Umfrageergebnisse (develop solution plans) und die Planung ihrer Veröffentlichung nach Abschluss des Projektes.

In elektronischer Form wurde dieser Plan anschließend in einer **Tabellenkalkulation** umgesetzt, Abb. 2.11, also ohne Projektmanagementsoftware. Dabei wurden bereits die ersten Änderungen vorgenommen – so ein Plan lebt also. Er wurde nicht weiter verfeinert, da nur drei Personen im Projektteam waren und sich jeder innerhalb seines Aufgabenpaketes selbst organisiert hat: Eine Entwicklerin war für die technische Umsetzung der Internetumfrage zuständig, einer übernahm die Umfragen und der Dritte erstellte die Auswertungen. Alle zusammen legten den Inhalt der Umfrage fest und erstellten gemeinsam die Abschlusspräsentation und Dokumentation. So konnten sie ihr Projekt mit geringem Organisationsaufwand umsetzen.

Es gibt Betreuer, die sehr großen Wert darauf legen, dass der **Projektplan mit einer Software** erstellt ist. Gängige Darstellungsform ist ein Ganttdiagramm, auch bekannt als Balkenplan. Die Abb. 2.12 zeigt ein Beispiel.

Sie sollten sich beim Betreuer erkundigen, wie detailliert der Projektplan sein soll. Denken Sie auch daran, nicht zu viel Zeit dafür zu verwenden. Einige Software für die Verwaltung des Projektplans gibt es als Freeware, z. B. bei http://www.projektmanagement-freeware.de/. In der „Computerwoche" wurden 2012 entsprechende Programme bewertet (vgl. Computerwoche online 2012). Prüfen Sie, ob für Sie das passende dabei ist.

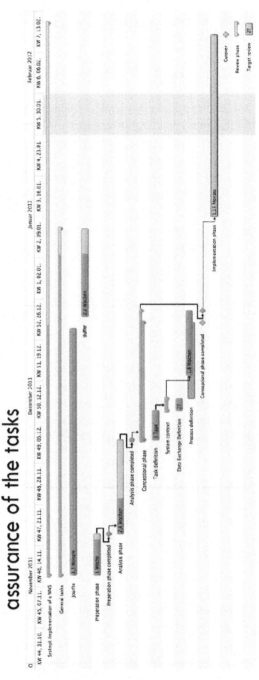

Abb. 2.12 Projektplan, Beispiel vom Kick-Off-Meeting

Vielleicht hat sich an Ihrer Fakultät auch schon ein Favorit herausgebildet, so dass Sie leicht Kommilitonen finden, die sich mit dem Programm auskennen. Manche Bibliotheken bieten auch Kurse für MS-Project ein, vielleicht Ihre auch?

2.5.2   Setzen Sie Ihre Meilensteine richtig

Meilensteine sind ein wichtiges Element der Projektplanung. Nach DIN 69 900 ist ein Meilenstein ein „Ereignis besonderer Bedeutung" im Ablauf eines Projektes. Meilensteine haben keine Dauer und sind auch keine Aufgabe. Das Erreichen eines Meilensteins können Sie sich wie das Fertigstellen eines Bauabschnitts beim Hausbau vorstellen – ohne Fundament keine Wände, ohne stehende Wände kein Dach. Meilensteine ermöglichen es, den Projektfortschritt zu überwachen und die Qualität zu sichern.

▶   Das Erreichen, Verschieben oder Verpassen von Meilensteinen sind sehr wichtige Indizien zur Beurteilung eines Projektverlaufs.

Es ist nicht so einfach, Meilensteine festzulegen und zu beschreiben. Eine Regel für die Formulierung von Zielen lautet: Ziele sollten **SMART** sein. Diese Formel ist auch auf Meilensteine anwendbar, da diese ja nichts anderes als Teilziele sind. SMART ist ein Akronym und steht für:

• Spezifisch, d. h. nicht vage, sondern so genau wie möglich
• Messbar, d. h. es braucht Kriterien, an denen sich messen lässt, wann das Ziel erfüllt ist
• Akzeptiert, d. h. das Ziel muss vom Ausführenden angenommen werden
• Realistisch, d. h. es muss auch erreichbar sein
• Terminiert, d. h. es gibt eine klare Vorgabe, wann das Ziel erreicht sein soll

Beispiele: So werden Meilensteine beschrieben

Falsch: „Projektplan erstellen"
   Richtig: „Projektplan ist erstellt und verabschiedet"
   Die beschriebene Tätigkeit soll so formuliert sein, als wäre sie bereits abgeschlossen. Der Meilenstein ist mit Datum im Projektplan terminiert und aufgrund der beiden Kriterien „erstellt und verabschiedet" messbar. Spezifisch beschrieben ist das Ziel durch den Begriff „Projektplan" und den Auftrag der Erstellung sowie der Verabschiedung durch das Projektteam (akzeptiert). Realistisch ist das Ziel als Teil der Planungsphase: Das Datum wird so gewählt, dass es auch einhaltbar ist. Damit sind alle fünf Kriterien eines smarten Ziels erfüllt und der Meilenstein ist richtig formuliert und gesetzt.
   Es ist wirklich wichtig, dass Sie darauf achten, die Meilensteine richtig zu benennen, sonst ist nicht klar erkennbar, wann er erreicht ist (Inhalt, Qualität und Zeit). Hierzu ein Beispiel:

Falsch: „Probelauf durchgeführt"

Richtig: „Probelauf bestanden, definierter Funktionsumfang liegt vor"

Für den Projektplan ist es ausreichend, einen Probelauf einzuplanen, ihn vorzubereiten, die Ressourcen bereitzustellen und den Probelauf durchzuführen. Der Meilenstein „Probelauf durchgeführt" ist dann erreicht. Aber das sagt nichts darüber aus, ob das gewünschte Ergebnis erreicht wurde oder ob aufgrund des Probelaufs weitere Entscheidungen für das Projekt getroffen werden müssen. Haben Sie also in Bezug auf die Qualität Ihrer Ergebnisse wirklich einen Meilenstein für das Projekt erreicht? Das ist sicher nicht so. Nur in einem Testprojekt, in dem das Testen an sich die Aufgabe wäre, wäre ein Meilenstein „Probelauf durchgeführt" sinnvoll.

Die zweite Beschreibung trifft den Meilenstein viel besser, weil damit eine Entscheidung für das weitere Vorgehen getroffen werden kann. Sie sind sich sicher, dass Sie auf dem richtigen Weg sind, weil die definierten Funktionen zur Verfügung stehen und die Qualität stimmt („Probelauf bestanden"). Erkenntnisse für Verbesserungen sind nach dem Probelauf dann in der Taskliste festzuhalten.

Warum sollten Sie sich Gedanken machen über so „kleine" Formulierungsunterschiede? Weil wir Menschen nicht alle die gleiche Vorstellung von einem Begriff haben. Je interkultureller die Zusammenarbeit wird, desto wichtiger wird das sogar noch. Missverständnisse entstehen oft durch unklare Formulierungen.

Stellt sich noch die Frage nach der Anzahl der Meilensteine, die benötigt werden. Für ein Projekt der Größe und des Umfangs einer Projektarbeit im Semester sind **mehr als 15 Meilensteine sicher zu viel und weniger als 5 sicher zu wenig.**

Beispiele für Meilensteine in verschiedenen Projektphasen

Start:
- Projektauftrag ist unterschrieben
- Pflichtenheft ist erstellt und verabschiedet
- Erster Projektplan ist erstellt, verabschiedet und mit dem Betreuer abgestimmt

Ausführung:
- Kick-Off-Veranstaltung durchgeführt
- Ein wichtiger Schlüsselpunkt in der Ausführung ist abgeschlossen (welcher das ist, hängt von Ihrem Projektinhalt ab)
- Zwischenpräsentation hat stattgefunden
- Exkursion hat stattgefunden
- Prototyp funktioniert
- Test war erfolgreich
- Feldstudie ist abgeschlossen (z. B. Umfrage)
- Auswertung von Daten ist fertiggestellt
- Produkt ist fertiggestellt und kann abgegeben werden

Abschluss:

- Dokumentation ist abgegeben
- Probelauf für Abschlusspräsentation durchgeführt und als erfolgreich eingeschätzt
- Abschlusspräsentation gehalten und Projekt abgeschlossen
- Konzept für die Projektmesse ist fertiggestellt
- Präsentationsstand für die Projektmesse ist fertiggestellt

2.5.3   Arbeitspakete herunterbrechen – es wird detaillierter

Im Projektmanagement ist die Einbindung der Arbeitspakete in den Projektplan als **Work Breakdown Structure (WBS)** (vgl. Verzuh 2008) bekannt. Das Verfahren ist in der Abb. 2.13 erklärt. Sie sehen, dass die Projektplanung von zwei Seiten beginnt. **Der eine Ansatz** geht über den vorgegebenen Zeitplan, markiert ergänzend kritische Pfade (Risiken) und definiert Pufferzeiten. **Der andere Ansatz** beginnt mit dem Scope/Pflichtenheft/Deliverables oder einfach mit Ihren Ergebnissen aus dem Brainstorming zum Thema. Hier werden Arbeitspakete festgelegt, deren Aufwand und Dauer geschätzt und in eine Sequenz gebracht. Da ja oftmals Abhängigkeiten zwischen den Aufgaben bestehen, sind diese ebenfalls zu ermitteln. **Beide Pfade werden zu einem initialen Plan zusammengefügt.** Dieser wird auf kritische Pfade hin analysiert (z. B. Nadelöhre) und mit den zur Verfügung stehenden Ressourcen abgeglichen. Dann steht der erste Projektplan ebenso wie die Taskliste, in der die Arbeitspakete namentlich und mit Start, Ende, Aufwand und Priorität aufgenommen werden.

Die Taskliste ist im Abschn. 3.4 zur Qualitätssicherung beschrieben, auch hierfür ist ein Template in der Toolbox abrufbar. Zu Beginn Ihres Projektes ist die Taskliste noch sehr kurz und Sie fragen sich vielleicht, warum Sie nicht einfach die Namen der Teammitglieder in den Projektplan schreiben und sich die Taskliste schenken. Es sieht wie doppelte Arbeit aus und Sie wollen ja den Organisationsaufwand gering halten. Mit der Zeit wird die Taskliste jedoch detaillierter und sie enthält nicht mehr nur Überschriften – wie zum Start –, sondern alle Aktivitäten, die erledigt werden müssen. Sie ist damit ein ganz wesentliches Mittel zur Qualitätssicherung.

Zu Beginn von Abschn. 2.5 wurde Ihnen schon gezeigt, wie Sie einen initialen Plan aus einem Brainstorming entwickeln. Da die WBS hier wesentlich spezifischer ist, **sollten Sie Ihren ersten Plan mit dieser Methode überarbeiten.** Im initialen Plan haben Sie ein Ganttdiagramm erstellt, in dem Sie Ihre Arbeitspakete zeitlich festgelegt haben. Im Ganttdiagramm sehen Sie jedoch nicht, wie viel Aufwand tatsächlich hinter einer Aufgabe steckt. Hier sollten Sie sich also auch fragen, ob der Zeitplan realistisch eingeschätzt wurde. Es gibt auch Tools, die unterstützen können, um die Aufgabenpakete herunterzubrechen. Beispielsweise mit MS Project: http://www.nextlevel-solutions.eu/de/tools/wbs.planner.xl/.

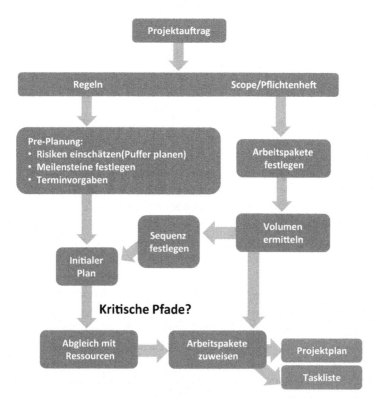

Abb. 2.13 Work Breakdown Structure

Beispiel: Projektplanung mit WBS

Erinnern Sie sich an den Plan des Projektes „Internetumfrage"? Der Projektpunkt „technische Realisierung mit PHP" wurde für den Zeitraum 25.3.–1.5. eingeplant. Das ist der längste Balken im Diagramm – ist er jedoch auch der arbeitsaufwendigste? Hier kann der WBS-Ansatz weiterhelfen: Die Studierenden schätzen den Aufwand für die technische Realisierung mit PHP mit 1 Woche = 40 Std. ein. Da das Projekt studienbegleitend stattfindet, lassen sie sich dafür gut einen Monat Zeit. Der abschließende Test ist mit 10 Tagen veranschlagt, damit genug Zeit ist für Korrekturen bis zum Umfragestart am 12. Mai. Der Test an sich wurde mit einem halben Tag veranschlagt. Hier wurde also schon ein Puffer eingeplant, auch für eventuelle Nachtests. Der Meilenstein am 10. Mai zur Einsatzbereitschaft der Website liegt zwei Tage vor dem Umfragestart, so sind hier nochmals zwei Tage Puffer, falls der Meilenstein nicht gehalten werden kann und ggf. die Umfrage verschoben werden muss. Auf diesen Punkt wurde besonderes Augenmerk gelegt, da er auf dem kritischen Pfad liegt.

Die „Auswertung der Umfragen" ist mit je zwei Tagen die kleinste Aufgabe im Projektplan. Warum wurde das so kurz angesetzt? Auf den ersten Blick sieht es so aus, als ob die drei Studierenden die Arbeitslast sehr ungleichmäßig verteilt hätten, also den Aufwand für die technische Lösung, die Planung der Umfrage und die Auswertung. Auch diese Frage kann der WBS-Ansatz beantworten: Die Studierenden wollen die Auswertung in einem Rutsch durchziehen und haben sich daher für die kompakte „Durchpowervariante" entschieden, bei der der damit beauftragte Student in zwei Tagen fertig ist. Er rechnet mit 20 h für die erste Auswertung und mit 30 h für die zweite. Der Aufwand für diesen Studenten (50 Std.) ist also nicht geringer als der für die Studentin, die mit der technischen Lösung beauftragt ist! So kann man sich irren.

Hier haben die Studenten keinen Puffer eingeplant. Die erste Auswertung ist unkritisch, da sie die Ergebnisse der ersten Umfrage nur nutzen, um die zweite – die Internetumfrage – inhaltlich zu planen. Die erste Umfrage ist also nur eine „Stoffsammlung" und nicht auf dem kritischen Pfad. Die zweite Auswertung ist die Basis für die Aufbereitung der Ergebnisse, und sie ist daher sehr wohl entscheidend für die Ergebnispräsentation am 2. Juli. Falls dieser Meilenstein nicht gehalten werden kann, so besteht ein Puffer im Block „Aufbereitung der Ergebnisse".

Stellt sich die Frage nach dem Zeitraum zwischen dem Ende der Internetumfrage am 31. Mai und dem Start der Auswertung am 14. Juni. Hier ist echte Leerzeit vorhanden und auch schon während der Umfrage selbst sind keine weiteren Aktivitäten eingeplant. Warum ist das so? Die Studierenden haben in dem Zeitraum andere Arbeiten, die sie fertigstellen müssen. Daher haben sie richtig eingeschätzt, dass sowieso niemand Zeit hat, etwas für das Projekt zu tun, und dass sie daher besser auf die „Durchpowervariante" setzen. Es ist immer besser, Einflüsse von außerhalb des Projektes zu berücksichtigen und auf diese Weise realistisch zu planen.

2.5.4 Ihre Personalkapazitätsplanung

An einigen Hochschulen wird von Ihnen verlangt, auch eine **Ressourcenplanung** durchzuführen. Abbildung 2.14 zeigt ein Beispiel, in dem zunächst die Basisdaten (ECTS, Anzahl Studierende, Kostensatz) eingegeben werden, dann die Planstunden und danach die Ist-Stunden. Der übliche Ingenieurssatz im Jahr 2015 liegt bei 75 €/Std. und daher wurde er für dieses Beispiel gewählt.

Es wird von Ihnen ein **Arbeitseinsatz für die Zielgrößen gemäß den ECTS** erwartet. Ein zu geringer Einsatz zeigt, dass Sie sich zu wenig engagiert haben. Leisten Sie hingegen viel mehr als geplant, ist es auch nicht gut, weil Sie das Budget überschritten haben – ein Zeichen dafür, dass Sie nicht effizient gearbeitet haben?

Achtung: Manchmal wurde der Aufwand vom Betreuer falsch eingeschätzt, als das Projekt ausgeschrieben wurde. Wenn Ihnen das im Projektverlauf auffällt, sollten Sie es mit dem Betreuer besprechen und in der Sollkurve berücksichtigen! So können Sie diese Tatsache transparent machen, auch für die Bewertung Ihrer Arbeit.

Gehen Sie von einem typischen Projektverlauf aus, so befinden sich die **arbeitszeitintensivsten Phasen am Anfang des Projektes und am Ende vor der Präsentation bzw. Abgabe der Dokumentation.** Die Personalplanung geht einher mit den definierten

Personalplanung: Projekt ABC

Rahmendaten:

ECTS	5	Aufwand je ECTS :	30	Stunden je 45 Min
Anzahl Studierende	8			
Kostensatz/Stunde	75 €			

Bitte die jeweiligen Daten eingeben

Plandaten

Name	Monat1	Monat2	Monat3	Monat4	Ziel
Student 1	45	30	30	45	150
Student 2	45	30	30	45	150
Student 3	45	30	30	45	150
Student 4	45	30	30	45	150
Student 5	45	30	30	45	150
Student 6	45	30	30	45	150
Student 7	45	30	30	45	150
Student 8	45	30	30	45	150
Summe Plandaten	360	240	240	360	1200
Kosten	27.000 €	18.000 €	18.000 €	27.000 €	90.000 €
Kumuliert	27.000 €	45.000 €	63.000 €	90.000 €	0 €

Istdaten

Name	Monat1	Monat2	Monat3	Monat4	Ziel
Student 1					150
Student 2					150
Student 3					150
Student 4					150
Student 5					150
Student 6					150
Student 7					150
Student 8	200	200	200	200	150
Summe Plandaten	200	200	200	200	1200
Kosten	15.000 €	15.000 €	15.000 €	15.000 €	90.000 €
Kumuliert	15.000 €	30.000 €	45.000 €	60.000 €	-30.000 €

Budgetverlauf

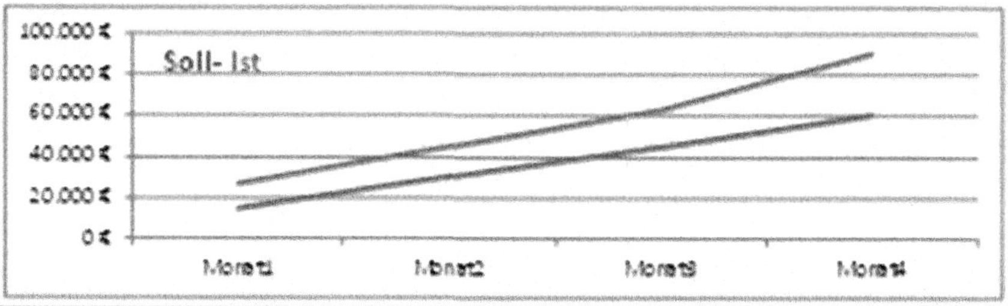

Soll- Ist

Abb. 2.14 Personalplanung

Aufgabenpaketen und dem Projektplan. Ob Sie den Plan wochen- oder monatsweise gestalten, hängt von den Anforderungen des Professors ab. Wichtig ist, ihn regelmäßig zu
aktualisieren und ggf. zu den Statusupdates mitzunehmen.

Da Sie hier den Wert Ihrer Arbeit mit virtuellen Euro angeben (die Sie vermutlich auch
gerne real hätten), bekommen Sie ein **Gefühl dafür, was Ihre Arbeiten wert sein sollten**
und wie Personalaufwand später im Berufsleben wahrgenommen wird. In vielen Firmen
werden die Personalkosten der Mitarbeiter aus den Fachabteilungen dem Projekt „berech-
net". Sie sehen hier also auch Kostengesichtspunkte, die im Projekt während des Studiums
sonst keine Rolle spielen. Sie können die Personalplanung auch nutzen, um sachlich aufzuzeigen, dass die Teammitglieder unterschiedlich engagiert sind. Diesen Zweck erfüllt
die Planung aber nur, wenn Sie sie permanent nachhalten und nicht erst wieder am Ende
des Projektes für die Dokumentation herausholen. **Im Nachhinein Einigkeit darüber zu
erzielen, wer wie viel gemacht hat, ist immer sehr schwierig und konfliktträchtig.**

2.5.5   Beispiel für einen Projektstart: Eine Planung von vier Studierenden innerhalb von zwei Stunden

Beispiel zum Thema: „Erstellung eines Bewertungsschemas für Projektarbeiten"

Der Projektauftrag bestand aus der Erarbeitung eines Bewertungsschemas für die Projektarbeit an der Fakultät. Hierfür hat der Dekan ein Projekt ausgeschrieben, das im
Lauf des Sommersemesters bearbeitet werden soll. Die Ergebnisse werden dann in
einer Diskussionsrunde mit den Professoren im September besprochen und validiert.
Es ist geplant, das Schema ab dem nächsten Wintersemester einzusetzen. Die Teilnehmer der Projektgruppe sind im 6. Semester und haben bereits ein Projekt an der
Hochschule bearbeitet.

Das Projektteam hat sich im März getroffen, um einen ersten Plan zu entwickeln, sowie die Vorgehensweise, die Rollen und die Arbeitspakete zu bestimmen. Die Projekt-
laufzeit legen sie für den 1.4. bis zum 21.9.2012 fest, also für 6 Monate. In 11 Schritten
bestimmen sie den Projektinhalt, die Projektstruktur und die Arbeitspakete. Sie ordnen
die Arbeitspakete den Teammitgliedern zu und entwickeln den Projektplan als Ganttdiagramm und die Meilensteinplanung. Arbeitspapier sind drei Flipchartblätter – es ist
also ein Start ohne Technikeinsatz. Der Dokumentar bringt hinterher alle Ergebnisse in
eine elektronische Form. Anhand der Abb. 2.15, 2.16, 2.17, und 2.18 können Sie den
Ablauf nachvollziehen:

- **Schritt 1:** Projekttitel finden: KoBePro (Konzept Bewertungsschema Projekte) und
  Rollen festlegen (Projektleiter und Dokumentar)
- **Schritt 2:** Mittels Mind Mapping werden die verschiedenen Gesichtspunkte, die zu
  beachten sind, festgehalten.
- **Schritt 3:** Themenblöcke werden ausgewählt, umrandet und mit Nummern ver-
  sehen (1–5)
- **Schritt 4:** Arbeitspakete werden festgelegt und mit Nummern versehen.

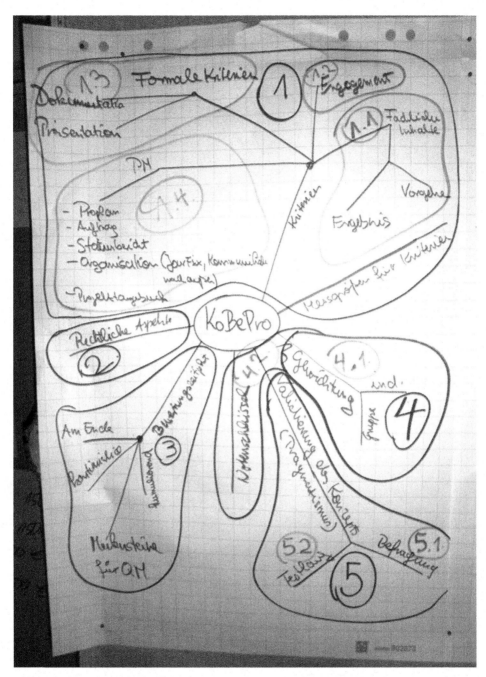

Abb. 2.15 Beispiel Projektplanung mit Mind Mapping

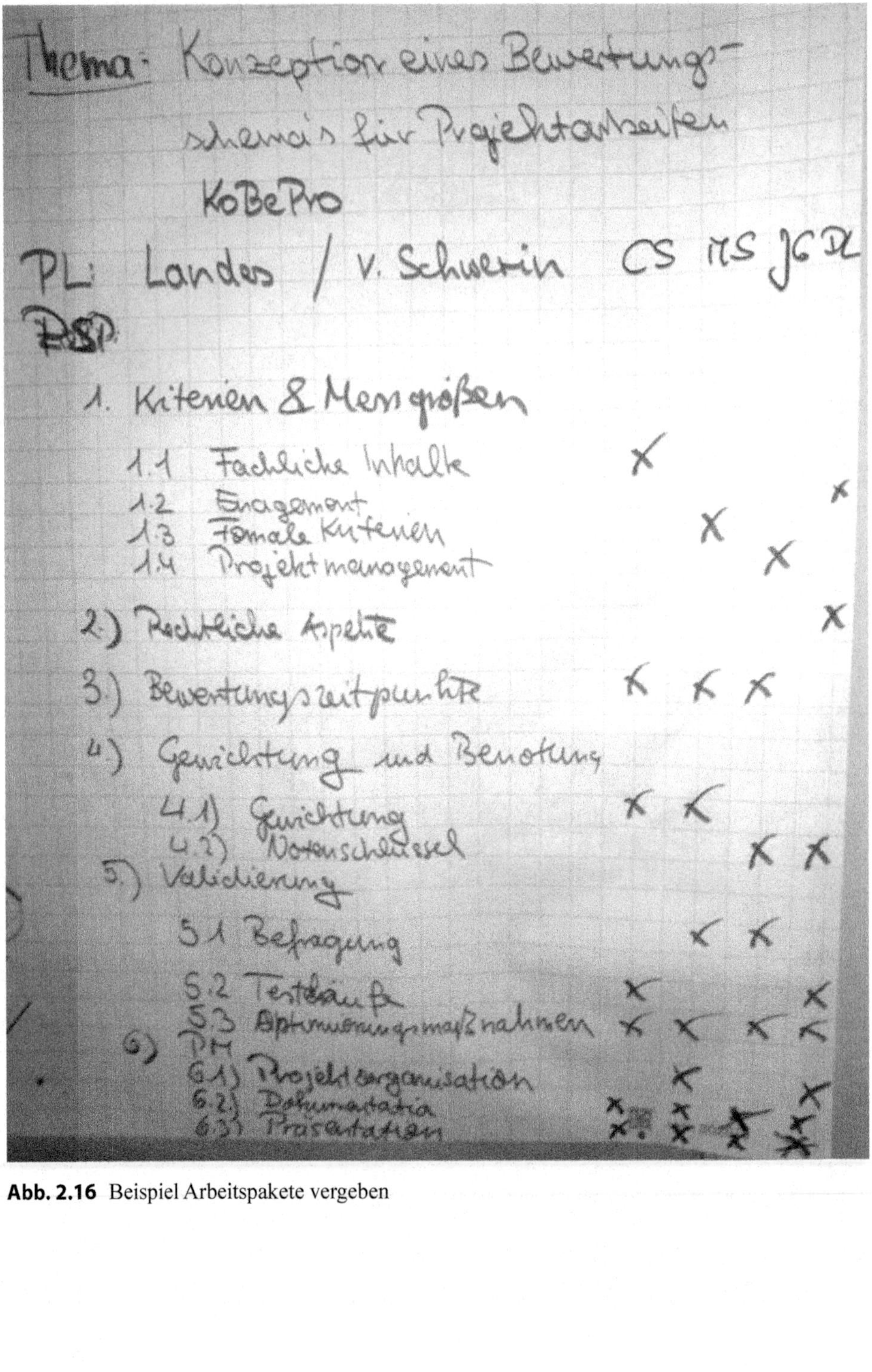

Abb. 2.16 Beispiel Arbeitspakete vergeben

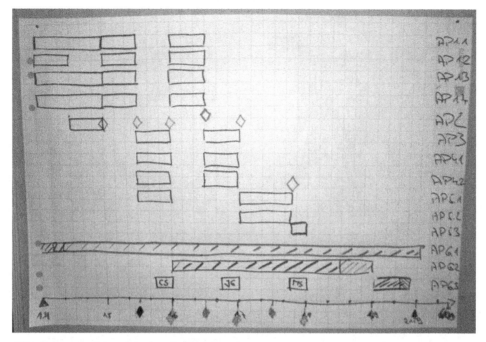

Abb. 2.17 Beispiel Projektplan als Ganttdiagramm

- **Schritt 5:** Die Arbeitspakete werden auf die Gruppenmitglieder verteilt. Dazu wird eine Matrix erstellt und die Mitglieder werden angekreuzt.
- **Schritt 6:** Der Terminplan mit den Terminvorgaben, wie Abgabetermin und Zwischenpräsentationen, wird erstellt.
- **Schritt 7:** Der iterative Verbesserungs- und Testweg wird als Vorgehensweise festgelegt. Das ist ein ganz entscheidender Punkt für das Vorgehensmodell im Projekt. Es bietet sich hier an, da Erfahrungswerte über die Praktikabilität der zu erarbeitenden Lösungen fehlen. Diese Erkenntnis ist ein Schlüssel für das Projekt!
- **Schritt 8:** Arbeitspakete werden im Projektplan eingeplant (WBS).
- **Schritt 9:** Der Plan wird auf kritische Pfade und Unstimmigkeiten geprüft.
- **Schritt 10:** Meilensteine werden ermittelt und eintragen (Rauten).
- **Schritt 11:** Alle freuen sich über so einen rasch erstellten Plan und suchen zum besseren Kennenlernen den Biergarten auf (Teambildungsmaßnahme – ganz wichtig!).

2.6 Besondere Formen von Projekten an der Hochschule

Neben den Projekten, die Sie innerhalb Ihrer Fakultät oder den zugehörigen Laboren absolvieren, bestehen noch weitere Möglichkeiten der Projektarbeit an der Hochschule:

- Projekte an einer Partnerhochschule, sei es mit einer Projektgruppe der eigenen Hochschule oder im internationalen Team, das sich im Ausland bildet

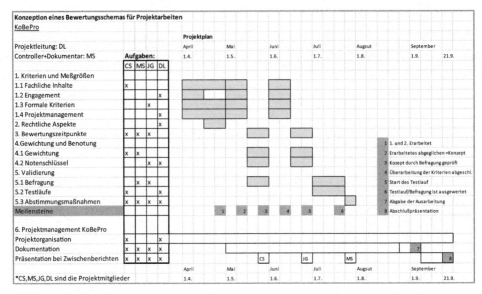

Abb. 2.18 Reinschrift Projektplan KoBePro

- Projekte im Bereich der Verwaltung oder Organisation der Hochschule, z. B. für Kontaktmessen
- Projekte in Kooperation mit der Wirtschaft oder externen Forschungseinrichtungen

Falls sich Themen als zu umfangreich für eine Projektgruppe erweisen, wird ein Projekt-im-Projekt-Ansatz gewählt, dessen Besonderheit darin liegt, mehrere Projektgruppen zu einem großen Gesamtprojekt zu koordinieren.

2.6.1   Projekte mit Partnerhochschulen im Ausland

An einigen Hochschulen gibt es die Möglichkeit, die Projektarbeit an einer Partnerhochschule im Ausland zu absolvieren. Das ist eine sehr gute Gelegenheit in vielerlei Hinsicht: **Sprachkenntnisse verbessern, Auslandserfahrung und neue Kontakte sammeln** und jede Menge Spaß mit dem Projektteam haben. Die Projekte werden in der Regel als Blockveranstaltung während der Semesterferien angeboten.

Beispiel an der Hochschule Augsburg: http://www.hs-augsburg.de/fakultaet/informatik/studium/projekte/auslandsprojekte/index.html.

Welche Projekte möglich sind, hängt davon ab, über welche Kontakte Ihre Professoren verfügen und inwieweit Auslandsprojekte an Ihrer Hochschule etabliert sind. Üblicherweise gibt es ein **Bewerbungsverfahren** an der Hochschule und Sie fahren dann in einer Gruppe zum Projekt ins Ausland. Dort wird das Team ggf. ergänzt mit Studierenden der Partnerhochschule. Das Projekt wird durch die Professoren vor Ort betreut, ggf. in Kombination mit externen Partnern.

Ein Aufenthalt im Ausland ist normalerweise mit Kosten für Sie verbunden. Über das International Office der jeweiligen Hochschule und das Erasmusprogramm können Sie **Zuschüsse** beantragen. Für das Erasmusprogramm ist jedoch ein Mindestaufenthalt von drei Monaten erforderlich. Es ist daher eine gute Idee, **ein Auslandssemester mit dem Projekt zu kombinieren**. Erkundigen Sie sich an Ihrer Fakultät, vielleicht werden dort spezielle Zuschüsse gewährt, um beispielsweise die Zusammenarbeit der Hochschulen zu fördern. Studiengebühren fallen durch die Partnerabkommen der Hochschulen in der Regel nicht zusätzlich an. Eine gute Zusammenstellung der Fördermöglichkeiten gibt es auf den Informationsseiten des International Office der TU München unter Auslandspraktika: http://www.international.tum.de/auslandsaufenthalte/studierende/praktikum/.

Beispiel: Kalkulation für ein Projekt an einer Hochschule in Dänemark

- Reisekosten zum und vom Zielort: 200 € pro Person
- Unterkunft in einem Ferienhaus als Projektgruppe: ca. 1.600 € pro Monat für 8 Studierende = 200 € pro Person
- Verpflegungsmehrkosten in Dänemark und Verkehrsmittel vor Ort: 300 € pro Monat

In Summe muss also mit ca. 700 € gerechnet werden.

In der Regel hilft die Partnerhochschule bei eventuellen Visa oder sonstigen behördlichen Erfordernissen sowie bei der Suche nach einer Unterkunft.

Projektmanagement hat hier also einen größeren Umfang, da Sie wesentlich mehr Rahmenbedingungen mit einbeziehen müssen.

2.6.2   Projekte außerhalb Ihrer Fakultät

Projekte werden auch häufig dazu genutzt, um Problemstellungen in anderen Fakultäten zu lösen, etwa werden Informatiker bei den Geologen tätig. Projekte, die mit der Organisation oder der Beschreibung von Abläufen zu tun haben, gibt es gehäuft im Bereich der **Hochschulverwaltung**. Als Beispiel sei hier die Organisation einer Konferenz oder einer Kontaktmesse genannt, die es bestimmt auch an Ihrer Hochschule gibt. Entweder besteht an Ihrer Hochschule bereits eine Tradition (z. B. jährliche Kontaktmesse) oder die Dekane fördern die Vergabe organisatorischer Projekte an Studierende (statt an Mitarbeiter). Dabei gewinnt die Hochschule doppelt: Sie spart Kosten und die Studierenden haben die Möglichkeit, reale Projekte zu bearbeiten, die nachhaltig die Qualität ihrer Hochschule verbessern. Für die Studenten ist es auch ein gutes Gefühl, etwas geleistet zu haben, was eventuell noch vielen Generationen nach ihnen zugutekommt.

Beispiel: Projekt zur Prozessverbesserung an der Hochschule München

Kann man Gutes noch besser machen? Natürlich! 11 Studierende des Bachelor-Studiengangs Wirtschaftsingenieurwesen untersuchten im Rahmen des Moduls „Geschäftsprozessmanagement" die Abläufe und Best Practices beim zunehmend nachgefragten PhD-Node. Das Team analysierte die Abläufe in der Node-Administration und den Weg eines Promovierenden von der Bewerbung für einen Studienplatz bis zur Abgabe der Arbeit. Einen weiteren Schwerpunkt bildete die Identifikation von Best Practices, um neuen Promovierenden eine schnelle Hilfe geben zu können, die Einarbeitung zu erleichtern und bekannte Fehler und Zusatzaufwände zu vermeiden. (Vgl. Hochschule München online 2015)

2.6.3   Projekte in und mit Firmen

Wollen Sie ein Projekt **nahe an der Realität des Berufslebens** erleben und es gleichzeitig als **Reputation für Bewerbungen** nutzen, dann sind Sie mit einem Kooperationsprojekt mit der Wirtschaft genau richtig. Hier gibt es im Wesentlichen drei Möglichkeiten für Sie.

Das Projekt findet extern, also vor Ort, in der Firma statt
Ihre Projektgruppe wird dort von einem Mitarbeiter der Firma betreut. Ihr später bewertender Professor tritt dabei nicht aktiv auf, sondern er hat das Projekt nur vermittelt. Aufgrund des Einsatzortes findet diese Art von Projekten in der Regel als Blockveranstaltung statt und ist nicht semesterbegleitend.

Der externe Partner ist in der Rolle Ihres Kunden
Stellen Sie sich diese Art von Projekten als Consulting vor oder als Auftragsarbeit, die in der Hochschule durchgeführt wird. Sie **agieren dabei als Unternehmer**, der einen Auftrag angenommen hat. Solche Projekte werden sowohl semsterbegleitend als auch im Block durchgeführt, das hängt von der Aufgabe und vom Wunsch der Hochschule oder der Firma ab. Beispiele sind die Entwicklung eines Internetauftritts für eine soziale Einrichtung, eine Recherchearbeit für eine Marketingabteilung, die Ausarbeitung einer Broschüre, die Konstruktion eines Bauteils, die Entwicklung einer Schaltung, der Test von Produkteigenschaften usw.

▶   Da die Hochschule keine Garantien für ein erfolgreiches Projekt abgeben kann, sollte dies vom Betreuer im Vorfeld mit dem Unternehmen abgeklärt sein. Ist das nicht geschehen, so haben Sie unter Umständen im Verlauf des Projektes Stress. Wann immer Sie mit externen Kontakten zusammenarbeiten, denken Sie daran, dass Sie nicht nur sich, sondern auch die Hochschule repräsentieren und treten Sie entsprechend auf.

Ihr Professor arbeitet an einem Kooperationsprojekt und Sie bekommen eine Teilaufgabe als Ihr Projekt
Im Unterschied zu Fall 2 ist Ihr Professor, Ihre Fakultät oder Ihr Institut hier Partner der Firma und steht ggf. in einer vertraglichen Verpflichtung. Betreut werden Sie hier von der Hochschule. Ihr Betreuer steht unter einem gewissen Druck, dass Sie gute Arbeit leisten, weil er diese sonst selbst oder mit anderen Mitteln erbringen muss. Einsatzort kann die

Firma, die Hochschule oder beides sein und das Projekt kann im Block oder semester-begleitend stattfinden.

Es gibt Professoren, die eine Vorliebe für externe Projekte haben. Erkundigen Sie sich hier bei vorherigen Projektgruppen. Haben Sie eine Projektidee, z. B. aus einem Prakti-kum heraus, so wenden Sie sich mit Ihrem Vorschlag am besten an solche Professoren.

Meist sind Projekte mit externen Partnern **aufwändiger in der Betreuung und Orga-nisation**, weshalb sie manchmal abgelehnt werden. Es kann aber auch rechtliche Einwän-de geben. Falls Sie ein gutes Projekt aus einer Firma an die Hochschule herantragen wol-len, dann trauen Sie sich! Mehr als ein „Nein" kann Ihnen und Ihrem Engagement nicht passieren. Sprechen Sie einfach einen Professor an – und notfalls auch einen zweiten.

2.6.4   Der Projekt-im-Projekt-Ansatz

Es kommt vor, dass sich ein Projekt ergibt, das für eine einzige Gruppe zu umfangreich ist. Dann entscheidet der Professor oder die Fakultät, daraus mehrere Projekte zu machen, die dann zu einem Projekt zusammengefügt werden. Ganz klassisch geschieht das in der Informatik bei der Entwicklung einer Anwendung. Hier müssen sich dann die verschiede-nen Projektgruppen koordinieren, um das Produkt zu erstellen. Dafür werden Projektko-ordinatoren benannt, die die Konventionen, Projektupdates und Meilensteine miteinander abstimmen. Das ist schon Projektmanagement für Fortgeschrittene.

Ganz wichtig sind hierbei **regelmäßige Treffen**, da erfahrungsgemäß nicht alle Teil-gruppen den gleichen Projektfortschritt haben. Auch steigt mit der Vielzahl der Projekt-mitarbeiter der kreative Faktor – sprich, es kommen ständig neue Ideen und Anforderun-gen, die mit den anderen Gruppen abgestimmt werden müssen.

Im Gesamtprojektplan sollte auf jeden Fall Zeit eingeplant werden für **Integrations-tests**, um beispielsweise bei Produktentwicklungen das Zusammenspiel zu testen. Andere Tests sind der **Regressionstest** (hier wird getestet, ob alte Funktionalitäten noch funkti-onieren, wenn neue Komponenten hinzukommen) und der **Stresstest**, bei dem das Produkt unter Belastung getestet wird, um daraus entstehende Fehler aufzudecken.

Für ein einheitliches Gesamtbild müssen am Ende des Gesamtprojektes die **Dokumen-tation und die Präsentation abgestimmt** werden. Gerade solche großen Projekte werden oftmals in den folgenden Semestern durch Verbesserungen oder Erweiterungen fortgesetzt – ein Grund mehr für die **Archivierung der Ergebnisse**, damit zukünftige Projektmit-arbeiter darauf zugreifen können.

Literatur

Belbin. http://www.belbin.com/. Zugegriffen: 5. Sept. 2015.

Business Wissen. http://www.business-wissen.de/handbuch/stakeholderanalyse/das-modell-vom-stakeholder/. Zugegriffen: 5. Sept. 2015.

Buzan, T., & Buzan, B. (2002). *Das Mind-Map-Buch. Die beste Methode zur Steigerung Ihres geis-tigen Potentials*. München: mvg.

Computerwoche. (2/2012). http://www.computerwoche.de/management/it-strategie/2364604/?r=96 16361170351886&lid=161708. Zugegriffen: 5. Sept. 2015.

De Bono, E. (1990). *Six thinking hats*. London: Viking.

De Bono, E. (2002). *De Bonos neue Denkschule*. München: mvg.

Fink, A., et al. (2007). Creativity meets neuroscience: Experimental tasks for the neuroscientific study of creative thinking. *Methods, 42,* 68–76.

Fleing, E. Die 10 besten Programme, um Mind Maps zu erstellen. Deutsche Startups Online. http://www.deutsche-startups.de/2012/02/24/die-10-besten-programme-um-mind-maps-zu-erstellen/. Zugegriffen: 5. Sept. 2015.

Fleing, E. Mindmapping im Team – Online-Zusammenarbeit leicht gemacht. http://www.deutsche-startups.de/2012/03/02/mindmapping-im-team-online-zusammenarbeit-leicht-gemacht/. Zugegriffen: 5. Sept. 2015.

freemind. http://freemind.softonic.de. Zugegriffen: 5. Sept. 2015.

Freeplane. http://freeplane.sourceforge.net/wiki/index.php/Main_Page. Zugegriffen: 5. Sept. 2015.

Gesellschaft für Kreativität. http://www.kreativ-sein.de. Zugegriffen: 5. Sept. 2015.

Hochschule Augsburg. http://www.hs-augsburg.de/fakultaet/informatik/studium/projekte/auslands-projekte/index.html. Zugegriffen: 5. Sept. 2015.

Hochschule München. (2015). http://www.wi.hm.edu/phd/. Zugegriffen: 5. Sept. 2015.

Kreativitätstechnik online. (2015). http://kreativitaetstechnik.com/. Zugegriffen: 5. Sept. 2015.

Kreativitätstechnik. http://kreativitaetstechnik.com/methoden/6-huete-methode/. Zugegriffen: 5. Sept. 2015.

MC2. http://www.mc2.ch/WBTMVP/ZZZ%20PUA%20Theorie.pdf. Zugegriffen: 5. Sept. 2015.

Mindmeister. https://www.mindmeister.com/de. Zugegriffen: 5. Sept. 2015.

Nextlevel-Solutions. http://www.nextlevel-solutions.eu/de/tools/wbs.planner.xl/. Zugegriffen: 5. Sept. 2015.

PM Freeware. http://www.projektmanagement-freeware.de/. Zugegriffen: 5. Sept. 2015.

PM Freeware. http://www.projektmanagement-freeware.de/pflichtenheft-maschinenbau-k-59.html. Zugegriffen: 5. Sept. 2015.

Rohrbach, B. (1969). Kreativ nach Regeln – Methode 635, eine neue Technik zum Lösen von Problemen. *Absatzwirtschaft, 12*(19), 73–76.

Schlicksupp, H. (2004). *Innovation, Kreativität und Ideenfindung*. Würzburg: Vogel.

Technische Universität München. http://www.international.tum.de/auslandsaufenthalte/studierende/praktikum/. Zugegriffen: 5. Sept. 2015.

Unlocking-potential. http://unlocking-potential.de/2009/03/04/kommunikationsmanagementplan-definition/. Zugegriffen: 5. Sept. 2015.

Verzuh, E. (2008). *The fast forward MBA in project management*. Hoboken: Wiley.

Wirtschaftslexikon. http://www.wirtschaftslexikon24.net/d/stakeholder-ansatz/stakeholder-ansatz.htm. Zugegriffen: 5. Sept. 2015.

Wisemapping. http://www.wisemapping.com/. Zugegriffen: 5. Sept. 2015.

Ausführungsphase 3

In der **Ausführungsphase arbeitet das Team** gemeinsam an dem Ergebnis und jeder Einzelne an seinen Aufgabenpaketen. Das will organisiert sein, um Termin und Qualität Ihres Projekts zu sichern. Sie müssen entscheiden, Risiken erkennen und minimieren, kommunizieren, motivieren, Konflikte lösen und Zwischenberichte abgeben.

3.1 Das magische Viereck

Ein Projekt bewegt sich immer in einem bestimmten Rahmen und Sie müssen mit den zur Verfügung stehenden Ressourcen haushalten. Traditionell wird daher vom magischen Dreieck gesprochen: Gemeint sind die **drei Vorgaben des Projektes Zeit, Kosten, Qualität**, deren Einhaltung den Erfolg eines Projektes ausmacht (Abb. 3.1). In der heutigen Zeit sind es aber eher **vier Dimensionen**, da **die richtigen Ressourcen** oft weder mit mehr Zeit noch mit höheren Kosten auszugleichen sind. Informationen, Zugänge, die Sie brauchen, oder Personen, die Sie befragen wollen, sind oft wichtige Quellen, die den Projekterfolg massiv befördern oder gefährden können. Galt bei unseren Vätern das Motto „Man muss nicht alles wissen – nur, wo es steht" gilt heute angesichts der Informationsflut eher: „Man muss nicht alles wissen – nur, wer es weiß".

Was bedeutet das magische Viereck? Stellen Sie sich vor, Sie sind mitten im Projekt und Sie müssen entscheiden, ob Sie bestimmte Funktionalitäten im Bedienkomfort Ihres zu entwickelnden Produktes im Projekt realisieren oder nicht. Das heißt, Sie wägen ab zwischen den Qualitätsansprüchen bzgl. der Benutzerfreundlichkeit Ihres Produkts und dem damit verbundenen Aufwand in Zeit seitens der Projektmitglieder und damit natürlich auch den Entwicklungskosten.

© Springer Fachmedien Wiesbaden 2016
C. Stöhler, *Projektmanagement im Studium*, DOI 10.1007/978-3-658-11985-0_3

Abb. 3.1 Magisches Viereck
zum Projekterfolg

▶   Das Magische an diesem Viereck ist, dass sich die vier Faktoren gegenseitig
beeinflussen: Stärkt man den einen Faktor (z. B. Qualität), hat dies in der Regel
Auswirkungen auf die anderen Faktoren (z. B. Kosten und Zeitaufwand werden
größer).

Sie können den Rahmen, in dem Sie sich bewegen, nicht austricksen, aber Sie können sich
darüber bewusst sein und ihn nutzen, um eine Entscheidung zu begründen. Abbildung 3.1
zeigt eine Übersicht.

3.2   Organisatorische Instrumente

Da effizientes Arbeiten wichtig ist, müssen Sie sich im Projekt gut organisieren. Auf
http://www.projekt-toolbox werden Links zu Programmen, die Sie nutzen können, ständig ergänzt und aktualisiert. Nachfolgend werden daher nur auszugsweise einige gängige
Instrumente vorgestellt. Für alle gilt natürlich: Nicht zu viel Zeit damit vergeuden, nicht
„totspielen".

Projektmanagement-Software
Eine Sammlung von Freeware zum Projektmanagement gibt es unter http://www.projekt-
management-freeware.de.

Lernplattform, z. B. Moodle
Lernplattformen sind inzwischen an allen Hochschulen und Universitäten eingerichtet.
Ihr Betreuer sollte Ihnen eine Einheit in Moodle einrichten. Der Vorteil ist, dass es nicht
öffentlich zugänglich ist und nur Projektmitglieder Zugang haben. Die Datensicherheit
stellt die Hochschule sicher. Das ist auf jeden Fall wichtig, wenn mit Daten von Dritten,
z. B. Firmen, gearbeitet wird.

Gemeinsame Daten-Plattform
Dropbox

Ist eine Cloud-Lösung. Sie hat den Vorteil, dass man **Daten teilen kann, inklusive exklusiver Nutzung.** Falls Sie Ihr Projekt mit externen Partnern durchführen, so fragen Sie nach, ob die Nutzung einer Dropbox den firmeneigenen Datenschutzanforderungen genügt. Unter http://www.dropbox.com/ können Sie sich eine Dropbox für Ihr Team einrichten. Neben Dropbox gibt es noch andere Anbieter, die beispielsweise auch Versionsstände mit verwalten. Das ist sinnvoll, falls Sie einmal auf eine vorherige Version ihrer Daten zurück wollen, weil ein Projektmitglied einen Fehler gemacht hat.

Google Drive
https://www.google.com/intl/de_de/drive/
OneDrive
Von Microsoft https://onedrive.live.com
Weitere Anbieter
Wuala by Lacie, OwnCloud, Box, SpiderOak, YourSecureCloud, CrossCloud, Copy, BitTorrent Sync, iCloud Drive.

Skype

Mit Skype kann sich Ihr Team per Konferenzschaltung im Internet abstimmen, falls es nicht möglich ist, sich vor Ort zu treffen. Die Nutzung ist kostenlos. Der Link zur Einrichtung eines Skype-Anschlusses: http://www.skype.com/intl/de/home/.

Teamviewer

Mit Teamviewer können mehrere Personen auf einen Rechner zugreifen. Das ist besonders praktisch, wenn Sie **gemeinsam eine Präsentation überarbeiten** müssen, aber keine Gelegenheit haben, sich persönlich zu treffen. Koppeln Sie das mit Skype, so können Sie in einer Live-Umgebung diskutieren und arbeiten. Das eignet sich besonders gut für abendliche oder nächtliche Abstimmungen vor Abgabeterminen. Teamviewer ist für die private Nutzung kostenfrei: http://www.teamviewer.com/de/download/.

Doodle

Mit Doodle können Sie Termine einstellen, die Teilnehmer dazu einladen (per E-Mail), sich einzutragen, und einen Termin festlegen, an dem die meisten können. Das eignet sich immer dann gut, wenn ein **Projektteam aus Studierenden besteht, die sich nicht in der Hochschule sehen,** weil sie z. B. semester- oder fakultätsübergreifend zusammenarbeiten, oder einfach, weil viele außerhalb wohnen. Doodle kann kostenlos genutzt werden:http://www.doodle.com/.

Ein paar einfache organisatorische Maßnahmen können Ihnen außerdem helfen, den Überblick zu behalten:

Mailverteiler

Ein unbedingtes Muss: einen Mailverteiler für die Projektgruppe anlegen! Das spart die Tipparbeit und bei **Rundmails** wird niemand vergessen. Es kann sogar sein, dass Ihre

Fakultät den Service anbietet, für alle Projektgruppen Verteiler anzulegen. Dann können Sie auch andere Projektgruppen anschreiben, falls das nötig ist (z. B. bei einem Projekt im Projekt).

Telefonliste
Wer kennt das nicht: Einer fehlt und niemand hat die Handynummer. Also: Erstellen Sie immer gleich zu Beginn des Projektes eine Liste mit allen Nummern und Adressen, die Sie auf Ihrer gemeinsamen Plattform (Moodle, Dropbox o. a.) veröffentlichen.

WhatsApp
Sehr sinnvoll, um kurzfristig Dinge abzustimmen, z. B. in welchem Raum man gerade ist! Oder zur Erinnerung, dass das Treffen um 15:00 ist und nicht um 17:00! Eröffnen Sie eine Gruppe, aber überlegen Sie sich, ob Ihr Betreuer auch Mitglied sein soll. Prima für Dinge wie eben beschrieben, aber sehr ungut für normales „Geschwätz", da halten Sie ihn besser raus.

Ablagestruktur
Sie sollten sich einigen, wie Dokumente auf Ihrer gemeinsamen Plattform abgelegt werden, damit sie leicht auffindbar sind. Am besten **richtet der Dokumentar die Dropbox ein**, gibt eine Struktur vor und räumt in regelmäßigen Abständen auf.

Namenskonventionen
Besteht das Projekt aus einer Programmieraufgabe, so sollten Sie sich unbedingt zu Beginn auf Namenkonventionen einigen. Hierauf achten auch die Professoren, denn sie beurteilen am Ende das Gesamtprogramm.

Facebook und andere soziale Netzwerke
Sind sowieso schon alle in Facebook, so können Sie eine Gruppe für das Projekt eröffnen, um sich beispielsweise zu verabreden. Aber Achtung:**Viele Projektthemen gehören nicht in die Öffentlichkeit!** Manche Firmen oder Professoren bitten explizit darum, die sozialen Netze aus dem Projekt herauszuhalten (Abschn. 3.10 zur Geheimhaltungserklärung).

3.3 Kommunikation

Neben der Arbeit an den Projektaufgaben und der damit verbundenen Kommunikation im Team gibt es folgende formale Kommunikationswege zum Auftraggeber:

- **Das Kick-Off-Meeting**, das der Startpunkt der Ausführungsphase ist und hilft, sich kennenzulernen.
- Die regelmäßigen **Statusupdates** mit dem Betreuer. Sie dienen zur Qualitätssicherung und sind daher im Abschn. 3.3 zur Qualitätssicherung beschrieben.

- Auch **Zwischenpräsentationen** – monatlich oder beim Erreichen von bestimmten Meilensteinen – können verlangt werden. Das ist viel mehr als das Statusupdate zur Fortschrittsüberwachung oder Qualitätssicherung, das eher informell abläuft. Diese Zwischenpräsentationen können als Bewertungskriterien für die Noten herangezogen werden. Tipps und Vorschläge dazu finden Sie in Abschn. 4.2 zur Abschlusspräsentation.
- Haben Sie ein Projekt mit einem externen Partner, so wird auch das Unternehmen von Ihnen eine **Start-, Zwischen- und Abschlusspräsentation** erwarten – das ist dann der offizielle Kommunikationsweg. Das Beantworten von Fragen per Telefon oder E-Mail sowie kurze Treffen sind dagegen informell.

3.3.1 Kick-Off-Meeting

Kick-Off-Meeting als Team-Event zum Projektstart
An einigen Hochschulen besteht das Angebot, mit Projektgruppen für zwei bis drei Tage in ein Team-Camp zu fahren, damit sich die Gruppenmitglieder besser kennenlernen und die **Zusammenarbeit im Team gefördert wird**. Auch geht es darum, bereits konkret mit der Arbeit zu beginnen, z. B. mit der Projektplanung. In Abb. 3.2, ist eine Übersicht der Struktur eines Camps zu sehen.

Beispiel: Kick-Off-Meeting als Camp
Die Veranstaltung beginnt mit einer **Begrüßung**. Hier stellen sich alle kurz vor, die Örtlichkeiten und die Regeln für das Camp werden erklärt und die Zimmer aufgeteilt. Danach geht es in ein gemeinsames Mittagessen. Das **Seminar wird eröffnet**: Zunächst werden die Inhalte besprochen, die für das Projekt wichtig sind. Bei den

Abb. 3.2 Agenda
Kick-Off-Meeting

Programmpunkten **„Teamphasen"** und der **„Kommunikation"** geht es um die Ver-
mittlung von Theorien mit praktischen Übungen sowie um Selbsteinschätzung, etwa
nach Durchführung des Teamrollen-Tests, den Sie schon in der Startphase kennengelernt haben. Die jeweils anschließende Reflexion zeigt jedem, wo er im Team steht. Die
Nachtwanderung dient zum gemeinsam Spaß haben und zum Kennenlernen.

Die **„Projektsimulation"** ist eine praktische Aufgabe, die im Team bewältigt werden muss. Dabei soll die Zusammenarbeit geübt und die bisher im Seminar erworbenen
Kenntnisse angewendet werden. Das Team baut beispielsweise ein Brücke oder Ähnliches. Die Betreuer beobachten dabei genau, welche Prozesse im Team ablaufen, wie es
plant, kommuniziert und welche Rollen die Einzelnen einnehmen. Während der abschließenden Reflexion geben sie der Gruppe Feedback. Der Abend steht zur freien Verfügung.

Im Block **„Projektplanung"** erstellen die Teams die erste Planung ihres Projektes.

Am Ende wird in einem **Abschlussgespräch** zusammengefasst, was die Teilnehmer
während der letzten Tage gelernt haben und sie werden um Feedback zur Veranstaltung
gebeten.

Wird das Kick-Off-Meeting von Ihrer Hochschule nicht als Team-Event angeboten, dann
sollten Sie sich selbst organisieren, um das Team näher zusammenzubringen. Der Projektleiter organisiert das Meeting und leitet es auch. Womöglich ist es eine gute Erfahrung, ein
teambildendes Spiel zusammen zu machen. Hierzu gibt es eine ganze Reihe von Möglichkeiten, eine ist die Sternübung:

Sternübung
Das Team soll mit einem zu einem Kreis geknoteten Seil einen Stern formen. Aber alle
müssen die Hände immer am Seil haben, sobald jemand loslässt, wird wieder von vorne begonnen. Die fortgeschrittene Variante: Die Teammitglieder schließen bis auf den
Projektleiter die Augen. Solche Übungen sind auch in der Industrie üblich, weil solche
Teamerlebnisse verbinden und das Team ein erstes gemeinsames Erfolgserlebnis hat. Abbildung 3.3 zeigt den Stern.

Kick-Off-Meeting als Start der Ausführungsphase
Spricht der Betreuer von „Kick Off", so steht für ihn das **Ergebnis der Projektplanung**
im Vordergrund. So wird das erste Statusupdate als Kick-Off-Meeting bezeichnet. Hier
wird von Ihnen erwartet, folgende Punkte vorzustellen, die Sie im Team erarbeitet haben:

Abb. 3.3 Sternübung

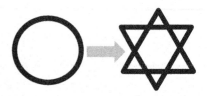

- Projektauftrag
- Projektplan (als Ganttdiagramm, inkl. Meilensteinplan)
- Projektstruktur (als Organigramm)
- Taskliste
- ggf. Personalplanung
- ggf. Budgetplanung

Erkundigen Sie sich beim Betreuer, ob bereits diese erste gemeinsame Präsentation in die Bewertung als Teilnote einfließt. Darüber hinaus hilft diese Präsentation dem Betreuer bei der Beurteilung, ob sich während des Projektes Ihre Präsentationstechnik verbessert.

3.3.2   Sender und Empfänger einer Nachricht

Ein wesentlicher Bestandteil der Projektarbeit ist die **Kommunikation im Team**. Diese kann **verbal** oder **nonverbal** stattfinden. Sie lebt davon, dass die Beteiligten wechselseitig die Rollen von Sprecher und Zuhörer übernehmen.

Die Bedeutung von nonverbaler Kommunikation
Wenn wir an Kommunikation denken, fällt uns zunächst die gesprochene Sprache ein. Dabei ist die nonverbale Mitteilungsform die weitaus ältere. Der Mensch hat Jahrtausende lang nonverbal durch Körpersprache kommuniziert. Körpersignale sind daher intuitiver und glaubhafter, **denn der Körper lügt nicht, sagt der Volksmund.**

Verbale Kommunikation äußert sich durch	Nonverbale Kommunikation äußert sich durch
Hörbare, gesprochene Sprache	Körpersprache
Geschriebene Sprache	Zeichen
	Gesten
	Symbole

Ist Ihre Körpersprache deckungsgleich mit Ihrer verbalen Kommunikation, dann wirken Sie authentisch und glaubwürdig. Hierzu ein Beispiel: Beantworten Sie eine Frage und schauen dabei nicht in die Augen Ihres Gegenübers, so wirkt Ihre Antwort erst einmal „zweifelhaft". „Er/Sie kann mir nicht in die Augen schauen", ist die entsprechende Volksweisheit (zumindest in unserem Kulturkreis).

Äußern – meinen – verstehen
Nachrichten verändern sich, wenn sie ausgesprochen und gehört werden. Abbildung 3.4 zeigt, **welchen Einflüssen eine Nachricht auf ihrem Weg vom Sender zum Empfänger unterliegt**: Verbale und nonverbale Signale, aber auch die Situation, in der sich die Partner befinden, und welche Erfahrungen sie miteinander und überhaupt haben. **Es ist also nicht entscheidend, was Sie sagen, sondern was der andere versteht.** Ungemein erleichternd

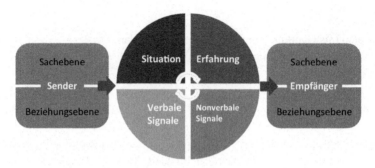

Abb. 3.4 Veränderungsprozess einer Nachricht

wirken dabei dieselbe Sprache, dasselbe Verständnis von Begriffen, ähnliche kulturelle Hintergründe und letztlich eine gute Beziehung zwischen den Gesprächspartnern.

Ein Beispiel dazu (vgl. Schulz von Thun 1981):

Beispiel

Sie fährt. Er zu ihr im Auto an der Ampel stehend: „Schatz, die Ampel ist grün!" Was steckt in diesem Satz mit fünf Wörtern und einem Ausrufezeichen?

- Rein **sachlich**: Die Ampel ist grün.
- Er kann damit meinen, dass sie losfahren soll, die Aussage ist so gesehen ein **Appell**.
- Er will ihr helfen oder seine Überlegenheit zeigen – die beiden haben also ein **Beziehung**sthema.
- Er hat es eilig und offenbart **sein Bedürfnis,** keine Zeit an der Ampel zu verlieren.

Abbildung 3.5 zeigt das Vier-Seiten-Modell. Es ist eine bedeutende Modellvariante und beruht auf der Annahme, dass Nachrichten sowohl von Sender als auch von Empfänger nach den vier Seiten Sachinhalt, Selbstoffenbarung, Beziehung und Appell interpretiert werden können.

Für die Kommunikation im Team heißt das: Stets darauf achten, was der andere verstanden hat, und immer wieder sicherstellen, dass der andere das verstanden hat, was ich sagen wollte – oder andersherum: sicherstellen, dass das, was ich verstanden habe, vom anderen auch so gemeint war.

▶ Ein gutes Mittel zur Sicherung des Verständnisses: Der Empfänger fasst zusammen, wie er die Botschaft des Senders verstanden hat (Rückkopplung). Dies kann noch verstärkt werden, indem der Empfänger sagt, was er aufgrund der Botschaft des Senders zu tun gedenkt, welche Bedingung er daran knüpft oder welche Unterstützung er dafür braucht.

Abb. 3.5 Vier-Seiten-
Modell nach von Thun

Um zum Beispiel zurückzukommen – sie antwortet ihm: „Oh danke, da habe ich eben nicht aufgepasst, los geht's."

Falls Sie mehr Interesse an dem Thema haben, so kann ich auf die Internetseite verweisen: Institut von Thun http://www.schulz-von-thun.de/.

3.3.3   Das Gleichgewicht in der Gesprächsführung

Jeder der Gesprächspartner möchte die Aufmerksamkeit des Partners gewinnen und seine Interessen während des gesamten Gesprächs aufrechterhalten. **Feedback** und dadurch die Kontrolle, die Aussagen des anderen richtig verstanden zu haben, sind Grundvoraussetzungen: Sie überprüfen damit die Aufmerksamkeit der Zuhörer, können auf Einwürfe und Erwartungen eingehen und erkennen, welche Erklärungen zusätzlich notwendig sind, um sich verständlicher zu machen. **Aktives Zuhören** ist hier von großer Wichtigkeit. Entwickeln Sie ein Wir-Gefühl (die Anderen und Ich = Wir).

Grundregeln für eine partnerschaftliche Gesprächsführung sind:

- Hören Sie aktiv zu.
- Wenden Sie sich Ihrem Partner zu und halten Sie Blickkontakt.
- Sprechen Sie in einer Ihrer Persönlichkeit entsprechenden Sprache.
- Versuchen Sie nicht, Ihrem Gesprächspartner mit Fachausdrücken, Abkürzungen oder „Techtalk" zu imponieren.
- Aktivieren Sie Ihren Partner, indem Sie zusätzliche Sinnesorgane bei ihm ansprechen (z. B. das Sehen durch Gestik und Mimik).
- Lassen Sie ihn ausreden.
- Stellen Sie Fragen.
- Formulieren Sie positiv.
- Nehmen Sie auch die Meinungen Andersdenkender ernst.
- Beachten Sie die Gefühlsebene.
- Bleiben Sie sachlich und ehrlich.
- Üben Sie konstruktive Kritik.
- Loben Sie – aber nur, wenn Sie es auch ehrlich meinen.

3.3.4   Kommunikation als Konfliktursache

Konflikte können entstehen, wenn einer der Gesprächspartner

- Gesagtes falsch versteht oder interpretiert,
- zum eigenen Vorteil die Unwahrheit sagt,
- Drohungen und Andeutungen ausspricht, was alles im Falle von … passieren könnte,
- den anderen bewusst emotional verletzt oder lächerlich macht.

Sprache ist sehr mächtig. Sind Projektteams multisprachlich oder multikulturell besetzt, so können Sie sich leicht vorstellen, wie wichtig hier die Sicherung des gegenseitigen Verständnisses ist, um umgangssprachliche oder flapsige Bemerkungen nicht in den „falschen Hals" zu bekommen. Je besser sich die Teammitglieder kennen, also Erfahrung in der Zusammenarbeit haben, desto seltener sind Kommunikationsprobleme Ursache für Konflikte.

Auch wenn Sie versuchen all diese grundlegenden Kommunikationsregeln zu beachten – es ist, wie es ist: Kommunikation ist nicht einfach. **Für alle wichtigen Entscheidungen im Projekt sollten Sie das Verständnis sichern:** „Habe ich dich richtig verstanden, dass …" und diese Entscheidungen auch **dokumentieren, z. B. im Protokoll.**

Abbildung 3.6 stellt dar, warum eine Nachricht auf ihrem Weg vom Sender zum Empfänger Informationsverlusten unterliegt und wie Sie dem entgegenwirken können.

Abb. 3.6 Informationsverlust

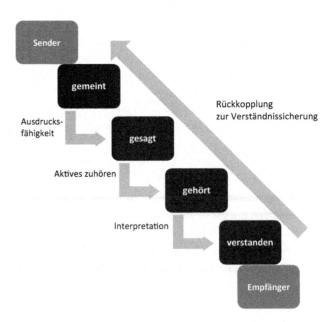

3.3.5 Das Johari-Fenster und Ihr Selbstbild

Jeder Mensch hat ein Bild von sich selbst und von anderen. **Selbstbild und Fremdbild sind fast nie deckungsgleich.** Dies ist gut beschrieben im Modell des Johari-Fensters, das 1955 von den US-amerikanischen Sozialpsychologen Joseph Luft und Harry Ingham entwickelt wurde. Abbildung 3.7 zeigt es bildlich. Der Name des Modells – Johari – ist aus den Vornamen der beiden abgeleitet. Es beschreibt, welche Rolle bewusste und unbewusste Persönlichkeits- und Verhaltensmerkmale in der Selbst- und Fremdwahrnehmung spielen (vgl. Luft 1971). Je offener und ehrlicher Menschen einander mitteilen, wie sie einander wahrnehmen, desto besser kann jeder sein Selbstbild überprüfen und gegebenenfalls anpassen.

Öffentliche Person
Öffentlich ist alles, was ein Mensch von sich preisgibt, was also ihm selbst und anderen bekannt ist. Dies umfasst die Anteile der Persönlichkeit, die nach außen sichtbar gemacht und **von anderen wahrgenommen werden.** Dieser Teil ist im Vergleich mit den anderen Teilen eher klein. Neben äußeren Merkmalen zählen innere Eigenschaften wie beispielsweise Ehrgeiz oder Ängstlichkeit hinzu, soweit diese nach außen erkennbar hervortreten. Es sind aber vor allem die nicht-öffentlichen Bereiche, die Beziehungen ganz wesentlich bestimmen.

Mein Geheimnis als Privatperson
Geheim ist alles, was das Ich von sich selbst weiß oder kennt, **aber anderen nicht zugänglich macht** oder aktiv vor ihnen verbirgt.

Blinder Fleck
Unter dem „blinden Fleck" versteht man alles, was das Ich aussendet und der **Empfänger wahrnimmt, ohne dass sich das Ich dessen bewusst ist.** Andere erkennen also Charakteristika, die der Betroffene bei sich selbst nicht erkennt.

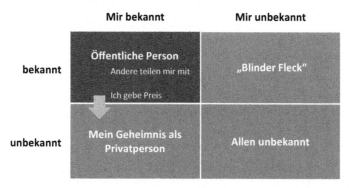

Abb. 3.7 Johari-Fenster

Allen unbekannt

Unbekannt ist alles, was weder dem Ich noch anderen bekannt ist. Das sind Dinge, die sich im Unterbewusstsein abspielen und nach außen nicht gezeigt und daher **von niemandem bewusst wahrgenommen** werden.

Prozesse im Team

Arbeiten Sie im Team zusammen, so geben Sie immer mehr von Ihrer Person bekannt. Das linke obere Fenster wird größer, die anderen kleiner. Beides ergänzt sich und diese Entwicklung hilft dabei, Unbewusstes bewusst und dadurch handhabbar zu machen:

- **Ich gebe persönliche Geheimnisse preis,** verringere damit den Aufwand, den ich für die Geheimhaltung betreiben muss, und vergrößere damit auch meine Freiheit und meinen Handlungsspielraum in der Öffentlichkeit. Müssen Sie immer alles sagen? Nein, es ist Ihre Entscheidung!
- **Andere teilen mir mit, wie sie mich erleben (Feedback).** Dadurch gewinne ich Erkenntnisse über mich selbst und kann so meinen privaten und öffentlichen Handlungsspielraum bewusster wahrnehmen und ausfüllen. Müssen Sie immer alles annehmen? Nein, es ist Ihre Entscheidung!

3.3.6   Feedback geben und nehmen

Feedback bedeutet: Dem anderen zu zeigen, wie ich sein Verhalten wahrgenommen, verstanden und erlebt habe (vgl. Kratz 2005). Solche Rückmeldungen finden im Kontakt mit anderen ständig statt, bewusst oder unbewusst, spontan oder erbeten, in Worten oder körpersprachlich. Innerhalb der Teamarbeit ist **Feedback ein ganz wesentliches Instrument, um Konflikte zu vermeiden und die Teamarbeit zu verbessern.** Auch dadurch wird die Übereinstimmung von Selbst- und Fremdbild gefördert. Im Team hat Feedback aber noch weitere Funktionen:

Wirkung von Verhalten erkennen

Hinter jedem Verhalten steht einerseits eine (mehr oder weniger klare) Absicht. Andererseits hat jedes Verhalten eine Wirkung auf den anderen und wird von ihm unterschiedlich erlebt und beurteilt. Durch offenes Feedback kann der Empfänger erfahren, **wie er auf andere wirkt.** Er kann nun überlegen, ob er das so will und kann gegebenenfalls sein Verhalten verändern.

Beziehungen klären

In Beziehungen wird häufig vieles verschwiegen. Durch offenes Feedback werden Wünsche und Bedürfnisse, Freude und Anerkennung sichtbar, aber auch Ängste und Verletzungen können angesprochen werden. Dadurch entsteht **Vertrautheit, Vertrauen und Nähe.**

Arbeitsfähigkeit verbessern

Herrscht im Team eine offene Atmosphäre und alle geben sich Feedback, so **verbessert sich die Arbeitsfähigkeit**, da das Team schneller und effizienter arbeiten kann. Man verbringt keine Zeit damit „um den heißen Brei" herumzureden, sondern kommt schneller auf den Punkt.

3.3.7 Feedback-Regeln

Im Feedback-Prozess ist es wichtig, ein paar Regeln zu beachten, damit er wertvoll und zielführend ist:

Für den Geber

* **Erlaubnis einholen:** Wenn der Feedbackgeber aus eigenem Antrieb ein Feedback geben möchte, soll er dafür erst die Erlaubnis des Empfängers einholen. Beispiel: „Mir ist in der Situation XY etwas an deinem Verhalten aufgefallen. Möchtest du dazu von mir eine Rückmeldung?"
* **Beschreiben, was man sieht und hört:** Der Feedbackgeber soll beobachtbares Verhalten beschreiben, also nicht bewerten, interpretieren oder Motive suchen. Wichtig dabei ist, Positives zuerst zu sagen, das fördert die Bereitschaft des Empfängers zuzuhören. Die Überleitung zur konstruktiven Kritik erfolgt dann mit „und", ein „Aber" zerstört oft alles vorher positiv Gesagte.
* **Konkret auf die Situation beziehen:** Der Geber soll konkret und präzise die Situationen beschreiben, die er wahrgenommen hat. Beispiel: „Heute hast du mit der Faust auf den Tisch gehauen – ich bin richtig zusammengezuckt" (nicht: „Immer bist du so ungehobelt").
* **Dem Empfänger Hilfestellung geben:** Ziel ist, dass der Empfänger etwas über sich erfährt, etwas, das ihm hilft, sich zu entwickeln und sich und sein Dasein in der Welt besser zu verstehen. Es geht nicht darum, dass der Geber etwas „erreicht".
* **Zeitnah zur Situation:** Am besten ist es, gleich Feedback zu geben, nicht erst Wochen später. An länger Zurückliegendes kann sich der Feedbackempfänger oft nicht mehr erinnern – die Lernchance, die im Feedback steckt, kann er dann nicht mehr wahrnehmen. Sofortige positive Rückmeldungen wirken am stärksten, während nicht angesprochene Störungen im Verborgenen destruktiv wirken.

Für den Empfänger

Feedback zu bekommen ist – wie Sie oben gesehen haben – in vielerlei Hinsicht hilfreich. Sie können viel über sich lernen. Es ist daher gut, wenn Sie sich ab und zu auch **bewusst Feedback von anderen holen**, beispielsweise mit einer Frage und Bitte. Beispiel: „Du hast mich doch neulich in der Situation XY erlebt – magst du mir sagen, wie ich da auf dich gewirkt habe?". Feedback ist ein Geschenk des Gebers an den Empfänger. Für den Empfänger hat es sich bewährt, dankbar und lernbereit zuzuhören und **sich nicht zu rechtfertigen, zu verteidigen oder den Geber abzuwerten** oder anzugreifen. Es gilt also: aktiv zuhören, Verständnisfragen stellen („Was genau meinst du mit ...?") und sich am Ende für das Feedback bedanken. Lassen Sie dann das Gehörte erst einmal auf sich wirken. So können Sie später entscheiden, ob und was Sie von dem Gesagten annehmen und umsetzen wollen und was nicht.

Eine Feedback-Checkliste können Sie sich runterladen von der Universität Freiburg oder Köln:

- http://www.hochschuldidaktik.uni-freiburg.de/koll_hospi/checklisten/feedback
- http://methodenpool.uni-koeln.de/download/feedback.pdf

3.4 Projektfortschritt und Qualität sichern

Die wichtigsten Instrumente, um das Projekt voranzutreiben und die Qualität zu sichern, sind die **Taskliste** und die **regelmäßigen Statusupdates mit dem Betreuer.** So haben Sie den Projektfortschritt im Blick, validieren den Projektplan, stellen die Beteiligung sicher und bereiten Meilensteine vor und nach. Auch ein **Projekttagebuch** ist hier hilfreich und stellt außerdem die Grundlage für den späteren Projektbericht dar.

3.4.1 Die Taskliste

Eigentlich ist eine Taskliste eine ganz einfache Sache: Zu Beginn des Projektes werden zunächst alle Arbeitspakete eingetragen. Im Laufe des Projektes verfeinert sich die Liste und es werden einfach alle Dinge, die zu erledigen sind, eingetragen. **So lebt diese Liste und sammelt all Ihre Aktivitäten.** Sie lässt sich später im Projekt auch als Fehlerliste der Testergebnisse verwenden – dann ist sie auch als Issuelist bekannt.

▶ Ein Arbeitspaket sollte – zeitlich gesehen – nicht zu klein sein (z. B. Stunden) und auch nicht zu groß (z. B. eine Woche oder mehr). Es sollte auch klar definiert sein, was es beinhaltet.

Ergänzend können Sie einen Kommentar einfügen, der z. B. einen relevanten Link auf andere Dokumente beinhaltet. Abbildung 3.8 zeigt ein Muster für eine Taskliste.

Taskliste: SS 2012 | Stand |

Gebiet	▾	Prio	▾	Was			▾	Kommentar	▾	Wer	▾	Wann	▾	Status	▾

	überfällig oder kritisch	Status:	offen
	bald fällig oder fraglich		in Arbeit
	erledigt		erledigt

Prio 1	ohne dem geht es nicht weiter bzw. der Erfolg wird sonst gefährdet
Prio 2	das muss man tun
Prio 3	fraglich ob man das braucht, die 3. Stufe, sind eher "nice to have" Dinge

Abb. 3.8 Muster-Taskliste

Die Spalte **Gebiet** eignet sich, um Arbeitsthemen zu gruppieren und so leichter danach suchen zu können. Gleich zu Beginn des Projektes sollten Sie im Team sowohl die Regeln zur **Prioritätensetzung** klären als auch das Farbkonzept für den **Status**.

Prioritätensetzung – gewusst wie

Ein häufiger Fehler dabei ist, mehr als zwei Prioritätsstufen zu vergeben um zusätzlich eine zeitliche Dringlichkeit hineinzubringen. Der Grund liegt oft darin, dass manche Teams zu Beginn aus Unsicherheit überorganisiert sind und die zu bearbeitenden Themen vermeintlich feiner abstufen wollen. Dafür ist die Priorität aber nicht da, denn das wird vom **Fälligkeitstermin** abgedeckt. Sinnvoll ist eine Prio-3-Stufe nur für sogenannte I-Tüpfelchen oder „nice to have"-Anforderungen, die Sie realisieren können, wenn Sie gut in der Zeit oder im Budget liegen. Die meisten Arbeitspakte sind daher Prio 2 und nur diejenigen Arbeitspakete, ohne deren Erledigung Sie nicht weiterkommen oder die das Gesamtergebnis infrage stellen, sind Prio 1. Sind Sie sich unsicher, ob ein Arbeitspaket Prio 1 ist, so sollten Sie das im Team besprechen und abstimmen. Eine bewährte Methode ist die Einordnung in eine Matrix, wie in Abb. 3.9.

Dabei wird bewertet, wie groß der Einfluss des Arbeitspaketes auf das Projektergebnis ist und wie wichtig es im Rahmen des Gesamtprojektes ist. Jedes Teammitglied klebt einen Punkt in das von ihm präferierte Feld. Dort, wo der Schwerpunkt liegt, ist das zu verwendende Ergebnis. So kommen Sie zu einer Mehrheitsentscheidung. Dieses Verfahren kommt aus dem Risikomanagement, bei dem die Einschätzung von Risiken eine wesentliche Rolle spielt (Abschn. 3.6).

Abb. 3.9 Analysematrix

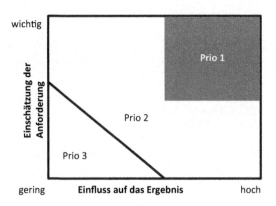

3.4.2   Den Fortschritt überwachen und im Team aufzeigen

In jedem Projekt ist es eine Herausforderung, die Motivation hoch zu halten. Dafür ist es unerlässlich, allen Beteiligten den Projektfortschritt aufzuzeigen. Wie wäre es mit einer **Statistik zur Taskliste**? Das ist eine bewährte Methode. Zeigen Sie auf, wie viele Aufgaben schon erledigt sind, wie viele in Arbeit und noch offen sind. Das hilft Ihnen auch, den Fortschritt zu überwachen. In Abb. 3.10 ist die gesamte Anzahl der Aufgaben grau. Diese können ansteigen, wenn neue Aufgaben hinzugekommen sind, die nicht im selben Zeitintervall angegangen wurden.

Kombinieren Sie die Taskliste mit dem **Personalplan**: Sind noch alle Teammitglieder mit ausreichend Engagement dabei? Haben sich Rahmenbedingungen geändert? Wurden z. B. Prüfungen oder Abgabetermine für andere Studienarbeiten angesetzt? Und dann vergleichen Sie mit dem Projektplan: Wo stehen Sie bei der Erreichung der Meilensteine? Sind alle Vorbereitungen dafür getroffen? Oder sind sie gefährdet, gibt es Terminverschiebungen? Im Statusupdate mit dem Professor müssen Sie hier Farbe bekennen.

Abb. 3.10 Beispiel zum
Stand der Taskliste

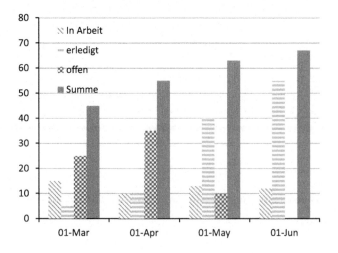

3.4.3   Statusupdates mit dem Professor

Auf die regelmäßigen Termine mit Ihrem Betreuer sollten Sie sich vorbereiten, um die Zeit bestmöglich zu nutzen. Neben dem Statusupdate (Projektfortschritt) ist eine Sammlung der offenen Fragen (fachlich) sowie der offenen Punkte (Organisatorisches) sinnvoll.

Bringen Sie zu dem Gespräch **den Projektplan, die Taskliste und eine zusammenfassende Übersicht (eine DIN-A-4-Seite)** mit. Ihr Professor muss ja noch eine ganze Reihe anderer Arbeiten im Blick haben, genauso wie ein Bereichsleiter in einem Unternehmen, und da ist es für ihn hilfreich, kurz und knapp informiert zu werden. Der Vorteil für Sie ist, dass Sie sich darin üben können, die Dinge auf den Punkt zu bringen.

Abbildung 3.11 zeigt ein Muster.

Die Übersicht setzt sich aus drei Bereichen zusammen:

- Der **Gesamtstatus**, der Status der aktuell anstehenden **Meilensteine** und der **Situation im Team** werden mittels einer farblichen Kennzeichnung beurteilt. Grün ist der Status, wenn alles planmäßig läuft, gelb, wenn es Verzögerungen oder Schwierigkeiten gibt, und rot, wenn er als kritisch eingeschätzt wird. Ein roter Status im Team müsste beispielsweise angezeigt werden, wenn die Beteiligung kritisch ist. Eine Terminübersicht weist auf die nächsten anstehenden Termine hin.
- Im zweiten Bereich werden **aktuelle Themen** geschildert, etwa die aktuellen Aufgabenschwerpunkte aus der Taskliste und Schwierigkeiten.
- Im dritten Bereich werden die **nächsten Schritte** dargestellt und Themen benannt, bei denen zukünftig Hilfe benötigt wird.

Beispiel: Statusupdate eines Projektes

Abbildung 3.12 zeigt ein Beispiel. Das Projekt ist kurz vor der Abschlussphase. Fachlich sind die meisten Themen bearbeitet, aber im letzten Testlauf sind einige Fehler aufgetreten, die noch gelöst werden müssen. Die Tasks wurden zugeordnet und jeder Student weiß, was er noch korrigieren muss. In anderen Veranstaltungen sind jedoch Abgabetermine für Ausarbeitungen zu halten, so dass einige Studenten nicht dazu

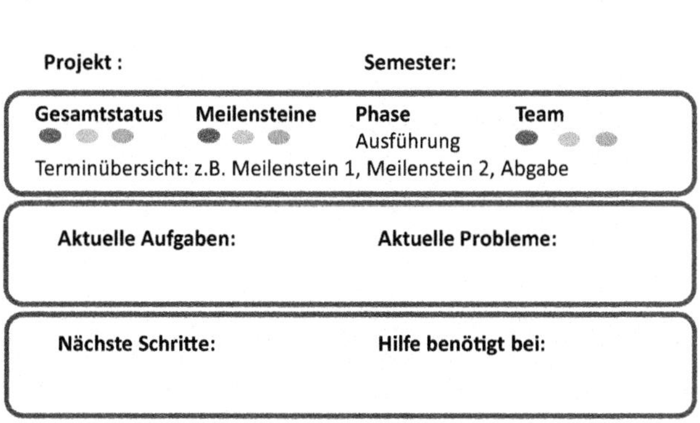

Abb. 3.11 Muster für Statusupdate-Formular

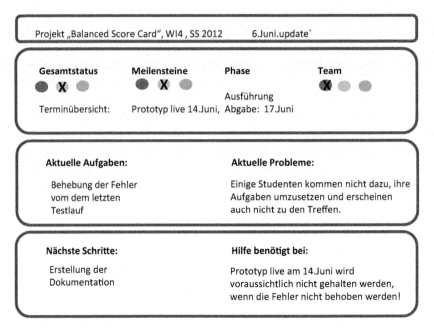

Projekt „Balanced Score Card", WI4 , SS 2012   6.Juni.update`

Gesamtstatus	Meilensteine	Phase	Team
● X ●	● X ●	Ausführung	X ● ●
Terminübersicht:	Prototyp live 14.Juni,	Abgabe: 17.Juni	

Aktuelle Aufgaben:

Behebung der Fehler
vom dem letzten
Testlauf

Aktuelle Probleme:

Einige Studenten kommen nicht dazu, ihre
Aufgaben umzusetzen und erscheinen
auch nicht zu den Treffen.

Nächste Schritte:

Erstellung der
Dokumentation

Hilfe benötigt bei:

Prototyp live am 14.Juni wird
voraussichtlich nicht gehalten werden,
wenn die Fehler nicht behoben werden!

Abb. 3.12 Statusupdate Beispiel

kommen, ihre Aufgaben zu erledigen. Sie erscheinen sogar teilweise nicht zu den angesetzten Treffen, in denen für eine Lösung gesorgt werden soll. Diejenigen, die ihre Aufgaben erledigen, sind sauer auf die anderen, sehen den Projekterfolg gefährdet, und beginnen, Arbeit von den anderen zu übernehmen. Daher wird voraussichtlich der gesetzte Meilenstein für einen funktionierenden Prototypen nicht erreicht werden und die Erstellung der Dokumentation könnte in Verzug kommen. Das Ergebnis wird deshalb Qualitätsabstriche aufweisen.

Die Beurteilung der Situation:

- Die Situation im Team ist kritisch (Beteiligung/Stimmung) und wird daher als rot eingeschätzt.
- Aufgrund der Teamprobleme ist der letzte Meilenstein gefährdet, daher ist er gelb.
- Der Gesamtstatus ist gelb, da mit Verzug beim letzten Meilenstein die Qualität der Dokumentation leiden wird, weil der Abgabetermin nicht verschoben werden kann. Er ist nicht rot, da das Produkt nach dem letzten Testlauf so weit fortgeschritten ist, dass es grundsätzlich funktioniert, aber eben noch nicht zuverlässig (Fehler treten auf, die behoben werden müssen).

Was besprochen wird:

- Die Studenten zeigen die ungenügende Beteiligung aufgrund anderer Studientermine auf und bitten um Hilfe.
- Sie fragen ihren Betreuer nach einer Terminverschiebung für den Abgabetermin der Dokumentation, was er ablehnt.

- Die noch nicht behobenen Fehler werden inhaltlich besprochen, priorisiert und in der Taskliste aktualisiert.
- Einige Fehler werden akzeptiert (Qualitätsreduzierung!). Dadurch reduziert sich aber das Arbeitsvolumen.
- Die Studenten diskutieren abschließend die Arbeitsverteilung in der Abschlussphase.

3.4.4 Das Projekttagebuch

An manchen Hochschulen ist es üblich, ein Projekttagebuch zu führen. Dies gilt insbesondere bei Laborprojekten, da Messergebnisse nicht verloren gehen sollten. Dabei ist es egal, ob es sich um einen Ordner handelt oder es elektronisch geführt wird. Im Grunde ist das Tagebuch **die zentrale Sammelstelle oder der Index für Ihre Aktivitäten und Ihre Entscheidungen!** So können Sie leichter nachvollziehen, wie sich die Dinge entwickelt haben und wieso. Als Projektleiter können Sie das Projekttagebuch deshalb auch gut für die **Förderung der Disziplin und Motivation** im Team einsetzen. Das Projekttagebuch kann **vom Professor für die Bewertung herangezogen** werden. Sinn der Abgabe des Projekttagebuchs besteht darin, die Entwicklung des Projektes zu dokumentieren.

Fragen Sie bei der Fachschaft nach, ob dort alte Tagebücher vorhanden sind, die Sie als Orientierung für Ihr Projekt nutzen können. Beispiele:

- http://www.einfachgutelehre.uni-kiel.de/allgemein/projekttagebuch/
- http://www.informatik.uni-oldenburg.de/~iug12/meko/projekttagebuch.html
- http://www.methodenpool.uni-koeln.de/download/tagebuchmethode.pdf

3.4.5 Protokolle schreiben

Ein Protokoll ist eine besondere Form der Mitschrift. Im Gegensatz zur persönlichen Mitschrift in der Uni zeichnet sich ein Protokoll durch **Vollständigkeit** aus und ist nicht vom Verfasser geprägt. Persönliche Einschätzungen, Vorwissen, Kritik des Protokollanten finden sich im Protokoll also nicht wieder. Schreiben Sie Protokolle im **Präsens** und verwenden Sie **auf keinen Fall Ich-Formulierungen.** Das Ziel ist, dass das Protokoll eine Besprechung im Nachhinein so nachvollziehbar wie möglich macht.

Die zwei wichtigsten Protokollarten für Sie sind das Verlaufs- und das Ergebnisprotokoll. Eine Mischform von beiden ist das **Seminarprotokoll**, das Sie vielleicht schon in Seminararbeiten kennengelernt haben. Eine Checkliste für Ihr Protokoll gibt es beispielsweise an der Universität Bielefeld: http://www.uni-Bielefeld.de/erziehungswissenschaft// scs/pdf/leitfaeden/studierende/protokoll.pdf.

Verlaufsprotokoll
Verlaufsprotokolle werden stichpunktartig formuliert und zeichnen **chronologisch den Verlauf eines Ereignisses** nach. Gerade in den Naturwissenschaften wird diese Form häufig angewendet, da damit Experimente exakt beschrieben werden können. Vorteil des Verlaufsprotokolls ist, dass Sie hiermit besonders gut die **Dynamik einer Diskussion und die einzelnen Schritte hin zu den Ergebnissen** dokumentieren können.

Folgende Punkte sind im Verlaufsprotokoll anzugeben:

- Im Protokollkopf: Name der Hochschule, Seminar/Projekt, Thema, lehrender Dozent, Semester, Protokollant, Datum
- Thema der Besprechung
- Stichworte zum Ablauf; Vorschläge, Kritik und Begründungen der Teilnehmer (bei wichtigen Einwänden mit Namenshinweis)
- Ergebnisse der Besprechung
- Unterschrift des Protokollanten, ggf. Anlagen

Ergebnisprotokoll
Das Ergebnisprotokoll zeichnet sich durch einen knappen und klaren Stil aus. Enthalten sind alle **Ergebnisse, Entscheidungen, die Festlegung des weiteren Vorgehens und die Zuweisung von Aufgaben.** Die Beiträge werden in Stichpunkten zusammengefasst und systematisiert. Die Ergebnisse werden also unabhängig vom Verlauf der Besprechung in eine logische Ordnung gebracht.

Folgende Punkte sind im Ergebnisprotokoll anzugeben:

- Im Protokollkopf: Name der Hochschule, Seminar/Projekt, lehrender Dozent, Semester, Protokollant, Datum
- Thema und, wenn vorhanden, Ablaufplan
- Ergebnisse der Sitzung in kurzen Worten
- Unterschrift des Protokollanten
- Anlagen wie Kopien, Bemerkungen zum Protokoll etc.

Protokollvorlagen gibt es je nach Anlass und Fachgebiet im Internet zum kostenlosen Download:

- http://office.microsoft.com/de-de/templates/results.aspx?ctags=CT010117260&tl=2
- http://www.textwende.de/tipps/kostenlose-protokollvorlage
- http://unlocking-potential.de/2009/07/02/besprechungsprotokoll-vorlagetemplate/

3.4.6 Warum Dinge oft auf den „letzten Drücker" fertig werden

Es ist schon erstaunlich, mit welcher Penetranz die Dinge auf die letzte Minute fertig werden. Da stellt sich die Frage, wieso das eigentlich so ist. Rein evolutionär betrachtet war es in der Steinzeit wichtig, **alle Kraft für den Moment zu haben – wer weiß schon, ob es ein Morgen gibt?** Dieses Muster ist fest in uns verankert. Zeitlich planerische Aktivitäten kamen erst später hinzu. Je mehr wir Menschen unter Stress arbeiten, umso stärker kommen diese Prägungen zum Tragen (vgl. Arnsten 2012) und rationale, planerische Aktivitäten treten in den Hintergrund.

Das Zeitgefühl ist relativ. Sie kennen das aus Ihrem eigenen Umfeld. Ihre Großmutter beginnt schon im August Weihnachtsgeschenke zu besorgen, weil für sie die Zeit gefühlt schnell vergeht. Schon ist wieder Weihnachten. Kleine Kinder dagegen haben keine Vorstellung davon, was eine oder zwei Wochen sind, beides ist für sie gleich weit weg. Welche Rolle spielen Ereignisse für einen Erwachsenen, die in 30 oder 40 Jahren geschehen werden? **Gefühlt** ist beides gleich weit weg, obwohl 10 Jahre dazwischen liegen. Nehmen Sie ein Beispiel aus kürzeren Zeitenbereichen: Macht es einen Unterschied, ob die Party in zwei Wochen oder einem Monat stattfindet? Stimmt, für Sie ist das gefühlt beides gleich weit weg und veranlasst Sie noch nicht dazu, die Party vorzubereiten. Wahrscheinlich sind Sie dagegen in der Lage, binnen Stunden etwas auf die Beine zu stellen, um spontan ein Fest zu feiern.

Denken Sie an Abgabetermine, die zu Semesterbeginn bekannt gegeben werden. Liegen diese weiter als einen Monat in der Zukunft, dann werden Sie wahrscheinlich nicht darüber nachdenken. Sie haben auch die Erfahrung gemacht, dass diese Termine gerade an den Hochschulen **oft nochmals verschoben** werden und auch **Anforderungen sich noch ändern**, z. B. die Länge der abzugebenden Ausarbeitung. Aus Ihrer Erfahrung wäre es also oftmals kontraproduktiv, frühzeitig anzufangen.

Es heißt also, ein Gefühl dafür zu entwickeln, was geschoben werden kann und was nicht. „Was du heute kannst besorgen, das verschiebe nicht auf morgen", heißt es. Das stimmt nicht ganz: Wer wichtige, aber nicht dringliche Aufgaben vertagt, statt sie sofort zu erledigen, macht alles richtig – solange das Aufschieben nicht krankhaft wird und zu Konsequenzen führt (vgl. Blawat online 2010).

Joseph Ferrari, Psychologe an der De-Paul University in Chicago (vgl. Ferrari online 2015), studiert Menschen, die stundenlang die Wohnung aufräumen, statt sich an die längst fällige Steuererklärung zu setzen. „**Prokrastinieren**" sagt Ferrari dazu. Das heißt auf Lateinisch „vertagen". Solche Leute lassen Dinge, die sie zwar als **wichtig**, aber auch als **unangenehm ansehen, so lange unerledigt, bis die letzte Frist verstrichen ist.** Was ist dann der Unterscheid zu jemandem, der einfach nur faul ist?

Wer faul ist, nimmt sich gar nicht erst vor, zu arbeiten und tut deshalb auch nichts. Sind Sie jedoch einer der Prokrastinasten, dann räumen Sie auf, kochen, putzen, telefonieren oder schreiben E-Mails, anstatt sich an die Aufgabe zu machen, die eigentlich ansteht. Mehr als ein Drittel ihrer gesamten Tagesaktivitäten verwenden Studenten im Schnitt auf solche **Ausweichtätigkeiten** (vgl. Universität Carleton online 2015), hat Tim Pychyl von der Carleton University im kanadischen Ottawa festgestellt.

▶   „Mindestens 70 % aller Studenten, die mit Lern- und Leistungsstörungen zu
     uns kommen, leiden unter einem Aufschiebeproblem", sagt auch Hans-Werner
     Rückert, der die psychologische Studienberatung der FU Berlin leitet (vgl. FU
     Berlin 2015). Sie sehen also, dass diese Verschiebeproblematik ein ernstes und
     häufiges Phänomen im Studium ist.

Vom Prokrastinieren sind Freiberufler und Studenten (vgl. Tagesspiegel online 2012) am
häufigsten betroffen, da sie ihren **Alltag selbst strukturieren** müssen. Viele Studenten
beklagen sich, dass sie in der Schule nie gelernt hätten, sich selbst zu organisieren. „Die
Forscher hören von Studenten Aussagen wie: ‚Ich bin absolut bereit loszuarbeiten, aber
mein Körper bewegt sich nicht. Der Zeigefinger klickt einfach auf die linke Maustaste und
schiebt mich zur nächsten WWW-Seite'." (Vgl. Tagesspiegel online 2012). Sie erkennen
sich hier wieder?

Die Universität Münster hat reagiert und eine **Ambulanz** eingerichtet, an die sich die
Studenten wenden können:

    http://www.psy.uni-muenster.de/Prokrastinationsambulanz/

Dort gibt es einen **Selbsttest**, bei dem Sie prüfen können, ob Sie gefährdet sind. Sie
sollten das Thema also nicht belächeln, sondern ernst nehmen. Schauen Sie an Ihrer Hochschule nach, vielleicht gibt es auch dort bereits Hilfestellungen. Auskunft dazu kann auf
jeden Fall die Studienberatung geben.

Auch die **gesellschaftliche Anerkennung** kann einen dazu treiben, Nächte durchzu-
arbeiten, damit etwas gerettet werden kann. Denken Sie einmal an Mitstudenten, die immer alles rechtzeitig fertig haben und nie unvorbereitet sind. Diese werden eher als lang-
weilig eingestuft. Ganz anders eine Auf-den-letzten-Drücker-Aktion: Sie ist meist spekta-
kulär oder zumindest spricht man darüber. Es kann also gut sein, dass Sie es genau deshalb
immer wieder tun – es gibt Ihnen einen Kick: Adrenalin, um es doch noch zu schaffen,
und Endorphine, wenn Sie es hinbekommen haben. Adrenalin aktiviert den Körper in der
Vorbereitung auf Stress. Zudem unterstützt es das Gedächtnis, was als Blitzlicht-Effekt
bekannt wurde. Endorphine werden bei Höchstleistungen oberhalb der Belastungsgrenze
vermehrt ausgeschüttet und führen dann zu Glücksgefühlen.

3.5   Entscheidungen treffen

Während des Projektes werden Sie eine ganze Reihe von Entscheidungen treffen. In der
Organisation müssen Sie Termine festlegen und Aufgaben verteilen. Fachlich gibt es vielleicht mehrere Lösungsmöglichkeiten für eine Problemstellung, so dass Sie hier Alternativen bewerten müssen.

Grundsätzlich gilt, dass wir Menschen **mehr als 80 % aller Entscheidungen irratio-
nal treffen, aber rational begründen** (vgl. Spitzer 2003). Auch wenn sich das vielleicht
seltsam anhört, unsere Intuition erfasst oft Dinge, die wir bewusst gar nicht wahrnehmen.
Versuchen Sie deshalb, Ihre Entscheidung nicht nur mit dem Kopf zu treffen, sondern

hören Sie auch in sich hinein und fragen sich, **was Ihr „Bauchgefühl" zu den Alternativen sagt**. Misstrauen Sie jedoch Entscheidungen, die Sie in Situationen treffen, in denen Sie sehr emotional sind. Hier werden Sie von der aktuellen Stimmungslage so sehr beeinflusst, dass Sie die Entscheidungen in der Regel im Nachhinein bereuen. Hier ist es besser, eine Nacht darüber zu schlafen und mit etwas Abstand eine Entscheidung zu treffen. Studien zeigen, dass mit zunehmender Komplexität der Entscheidung (Kriterien, Informationen) „Bauchentscheidungen" richtiger werden, weil wir bewusst gar nicht mehr in der Lage sind, die Informationen zu verarbeiten. Ein guter Film dazu ist von BR alpha, 15 min, Prof. Manfred Spitzer: „Geist und Gehirn – Entscheidung aus dem Bauch":

http://www.youtube.com/watch?v=mVQ0tB2GygY

Einige Methoden zur Entscheidungsfindung werden im Folgenden vorgestellt. Neben den rationalen und sehr systematischen Entscheidungsmethoden gibt es auch geführte intuitive Methoden. Mein Rat an Sie: **Dokumentieren Sie Ihre Entscheidungen** (z. B. im Protokoll), damit sichern Sie gemeinsames Verständnis und bauen Konflikten vor.

3.5.1   Nutzwertanalyse/Entscheidungsmatrix

Eine Entscheidungsmatrix ist ein hilfreiches Instrument, um Entscheidungen **rational** zu treffen. Es ist ein Verfahren zur Alternativenbewertung bei mehreren Zielgrößen (vgl. Gabler Wirtschaftslexikon online 2015a). Daher wird sie oft bei wissenschaftlichen Arbeiten und im Geschäftsleben eingesetzt. Bei dieser Methode werden **Beurteilungskriterien ermittelt und gewichtet bewertet**. Achten Sie dabei auf eine übersichtliche Anzahl der Kriterien und begründen Sie Ihre Auswahl ebenso, wie die Bewertungskriterien und deren Gewichtung. Fehlt diese Begründung, wird Ihnen das von Ihrem Professor angelastet, da es ein Defizit beim wissenschaftlichen Arbeiten darstellt.

Erstellen Sie eine Tabelle und listen Sie in der ersten Spalte die Beurteilungskriterien auf. In der Spalte daneben geben Sie jedem Kriterium eine Gewichtung, also einen Wert, der anzeigt, **wie wichtig das Kriterium bei der Entscheidungsfindung** ist. Geben Sie hier unbedingt Begründungen an in Ihrem Projektbericht, für die Wahl der Werte. Sie können beispielsweise jedes Kriterium mit jedem vergleichen und so eine Rangliste erstellen, oder den Mittelwert der subjektiven Einschätzung der Projektmitglieder geben. In den Kopf der folgenden Spalten schreiben Sie die Lösungsvarianten und bewerten **jede einzelne** in Bezug auf das jeweilige Kriterium. Hier können Sie **Werte** vergeben oder mit Prozentwerten arbeiten. Die einzelnen Werte der Lösungsvarianten werden anschließend mit dem Wert der Gewichtung **multipliziert** und dann **summiert**. Die Lösungsvariante mit dem höchsten Gesamtwert ist die empfehlenswerteste. Der Wert in sich spielt keine Rolle, er ist vergleichend zu sehen. Daher können Sie sowohl mit kleinen Zahlen (z. B. 1–5 umgekehrte Schulnoten) als auch mit größeren (z. B. 1–100) oder Prozentwerten arbeiten.

Beispiel: Empfehlung einer Software mittels der Nutzwertanalyse

Im Rahmen einer Projektarbeit an der Fakultät Informatik der Hochschule Augsburg wurde im Juni 2015 eine Studie fertiggestellt, in der zahlreiche Free-Ware-BPMN-Tools getestet und bewertet wurden (vgl. Stöhler online 2015). Nach einer Markt- und Anforderungsanalyse für den Einsatz im Studium ergaben sich 8 Finalisten. Diese wurden näher untersucht. Um sie gegenüberzustellen und eine Empfehlung für Studierende aussprechen zu können, wurde eine Nutzwertanalyse in einem zweistufigen Verfahren verwendet. Das Prinzip ist in Tab. 3.1 zu sehen. Produkt A ist der Testsieger mit dem höchsten Nutzwert von 77.

Wenn sich Ihre Nutzwerte nicht signifikant unterscheiden, dann müssen Sie ggf. ein anderes Entscheidungsverfahren wählen. Machen Sie nicht den Fehler, Ihre Werte so lange zu manipulieren, bis das von Ihnen gewünschte Ergebnis erzielt wird. Etwas anderes ist es, eine anschließende Sensitivitätsanalyse durchzuführen, um beispielsweise Grenzeinflüsse auszuloten und somit zu einer Empfehlung zu kommen (vgl. Gabler Wirtschaftslexikon online 2015b). In der Studie lagen die Werte zwischen 77 und 57, so dass letztlich alle Finalisten für den Einsatz im Studium geeignet waren – in Hinblick auf einen professionellen Einsatz kann das anders gesehen werden. Achten Sie auch auf solche Einflussfaktoren bei Ihrer Entscheidungsfindung. Greifen Sie bei Entscheidungen auf Untersuchungen zurück, die ähnlich einer Nutzwertanalyse aufgebaut sind – dann gehen Sie nicht nach dem

Tab. 3.1 Beispiel Softwareauswahl für ein Unternehmen

Kriterien	Gewichtung	Produkt A	Produkt B	Produkt C
Usability	40	75%	78%	56%
Modellierung	40	70%	50%	55%
Import-Formate	5	100%	60%	78%
Export-Formate	5	100%	10%	80%
Anforderungen und Installation	10	88%	88%	50%
Summe	*100*	*77*	*64*	*57*
Unterkriterien für einen zweistufigen Ansatz Beispiel Usability				
Usability	100%	75%	78%	56%
Übersichtlichkeit	20%	75		
Funktionsunterstützung und Bedienhilfen	20%	62		
Navigations- und Zoomfunktion	5%	40		
Anordnung und Verständlichkeit der Bedienelemente	15%	81		
Performance (Ladezeiten, Stabilität)	10%	86		
Mehrsprachigkeit	10%	100		
Hilfefunktionen (Kontextsensitivität, Support, Tutorials)	10%	80		
Individualisierbarkeit	10%	66		

höchsten Gesamtwert, sondern schauen auf die Auswahlkriterien und deren Gewichtung und bilden so Ihr eigenes Gesamturteil, passend auf Ihre Bedürfnisse!

Beispiel: Begründung von Relevanz, Gewichtung und Bewertung eines Kriteriums

Das Kriterium „Mehrsprachigkeit" wurde gewählt, da auch ausländische Studierende die Software nutzen (Relevanz). Es ist wichtiger als die Zoomfunktion (5 %) und geringer als die Verständlichkeit der Bedienelemente (15 %) zu sehen. Daher wurde 10 % gewählt mit einer vergleichbaren Wichtigkeit zur Hilfefunktion, Individualisierbarkeit und Performance (Gewichtung). 100 Punkte wurden vergeben, wenn neben Deutsch (50) und Englisch (75) noch mindestens eine weitere Sprache zur Verfügung steht. Für Produkt A war dies der Fall und 100 Punkte wurden vergeben.

Andere Kriterien mussten subjektiv bewertet werden, z. B. „Übersichtlichkeit". Hier lassen sich keine konkreten Grenzen festlegen, wie im Beispiel der Mehrsprachigkeit. Um hier möglichst objektiv zu bewerten, wurde die Software von 40 Studierenden in einem Usability-Test bewertet. Anschließend wurde ein Mittelwert gebildet, bei Produkt A waren das 75 von 100 Punkten. Auf diese Weise können Sie auch „unscharfe" Kriterien definieren.

„Usability" (Bedienerfreundlichkeit der Software) und „Modellierung" (unterstützt die Software aller nötigen Funktionen und Notationselemente von Business Process Modeling Notation – BPMN) sind die wichtigsten Kriterien. Daher wurden sie mit 80 % gewichtet. Es erfolgte eine Mitteilung auf 40 %/40 % = 80 %. Import- und Exportfunktion von Daten wurde auf 10 % gesetzt, da ein Datenaustausch zu anderen Programmen nötig sein kann, aber je nach Anwendungsfall nicht sein muss. Daher wurde es nicht als Unterkriterium gesehen. In den getesteten Software-Produkten standen unterschiedliche Formate zur Verfügung, daher wurden sie getrennt betrachtet und auf 5 %/5 % = 10 % gesetzt. Die Anforderungen an die Installation wurde als eigener Punkt gesehen, da die Erreichbarkeit der Software (wo bekomme ich sie her, Auffindbarkeit im Web) und die Installationsmöglichkeiten (Anforderungen ans System, unterstützte Betriebssysteme etc.) sowie die Geschwindigkeit (auch Datenvolumen) schon ein Nicht-Auswahlkriterium für die Software ist. Sie wurde ebenfalls mit 10 % gewichtet, als vergleichbar wichtig wie der Datenaustausch.

3.5.2   PMI (Plus Minus Interesting)

Die Methode PMI von Edward de Bono (vgl. de Bono 2004) ermöglicht es Ihnen, die positiven und negativen Aspekte einer Entscheidungsmöglichkeit genau zu erkennen und gegeneinander abzuwägen (Tab. 3.2). Die Methode PMI gibt Ihnen noch keine klare Antwort auf die Frage „Ja oder Nein?". Sie dient in erster Linie dazu, Ihre Aufmerksamkeit gezielt auf die Plus- und Minuspunkte einer Fragestellung zu lenken, um sich über möglichst alle Folgen der anstehenden Entscheidung klar zu werden. Zusätzlich erhalten Sie einen Überblick über offene Fragen.

Tab. 3.2 Beispiel: Sollen wir unser Projektergebnis auf der Projektmesse auf einem Stand präsentieren?

Positiv	Negativ	Interessant
Die Alternative „Vortrag" gefällt nicht, weil keiner gern vor großem Publikum präsentiert	Ein Stand bedeutet Mehraufwand in der Vorbereitung (Handouts, Auf- und Abbauarbeiten), während wir den Vortrag bei der Abschlusspräsentation vor dem Professor wiederverwenden können	Mit dem Stand erreichen wir mehr Publikum, wenn wir das wollen
	Jemand muss den ganzen Tag am Stand sein	Wir können eventuell besser mit potenziellen Arbeitgebern sprechen, da der Stand den ganzen Tag da ist – falls Firmen kommen

3.5.3 CAF (Consider All Facts)

Die Methode CAF von Edward de Bono (vgl. de Bono 2004) eignet sich insbesondere dazu, die **Randbedingungen einer Entscheidungssituation zu erfassen** und mit in die Entscheidung einfließen zu lassen. Der Zweck dieser Methode ist, möglichst viele Informationen und Einflussfaktoren zu sammeln. Dies hilft Ihnen dabei, Ihre Entscheidungssituation besser zu erkennen und einschätzen zu können. Dabei schreiben Sie in einem ersten Schritt einfach **alles** auf, **was Ihnen einfällt** und dann sortieren Sie nach **Prioritäten**. Dieses Verfahren ist dann besser geeignet als PMI, wenn zunächst noch nicht klar ist, was wichtig oder unwichtig, gut oder schlecht ist; es ist in Abb. 3.13 zu sehen.

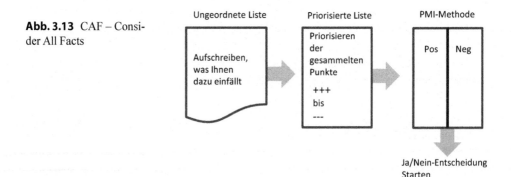

Abb. 3.13 CAF – Consider All Facts

Ungeordnete Liste

Aufschreiben, was Ihnen dazu einfällt

Priorisierte Liste

Priorisieren der gesammelten Punkte

+++ bis ---

PMI-Methode

| Pos | Neg |

Ja/Nein-Entscheidung Starten

3.5.4 SWOT-Analyse

Die SWOT-Analyse wurde in den 1980er Jahren an der Harvard Business School entwickelt (vgl. Simon und Gathen 2002). SWOT ist ein Akronym für:

- **S**trengths (Stärken)
- **W**eaknesses (Schwächen)
- **O**pportunities (Möglichkeiten)
- **T**hreats (Gefahren, Bedrohung, Risiken)

Die SWOT-Analyse ist ein einfaches Werkzeug zur Untersuchung und zur Standortbestimmung einer gesamten Organisation, wird aber auch für die Qualitätsentwicklung von Programmen und Projekten eingesetzt. Mit dieser einfachen und flexiblen Methode können sowohl **Stärken und Schwächen innerhalb des Projektes als auch externe Chancen und Gefahren** betrachtet werden. Dies geschieht durch einfache Gegenüberstellung, wie in der Abb. 3.14 zu sehen ist.

Dabei werden **interne und externe Blickwinkel** hinsichtlich **Chancen/Risiken** sowie **Starken/Schwächen** des zu untersuchenden Sachverhalts analysiert. Das wird am besten anhand eines Beispiels verdeutlicht.

Moderationsanleitung zur SWOT-Analyse: http://www.bertelsmann-stiftung.de/cps/rde/xbcr/bst/SWOT-Analyse.pdf

Beispiel: SWOT bei der Entscheidung, ob Erweiterungen realisiert werden

Ein Projektteam soll für einen Kindergarten eine Website neu aufbauen, die Basisausführung ist bereits realisiert. Sehr gute Programmierkenntnisse sind vorhanden, aber beim Design ist die Gruppe eher einfallslos. Jetzt muss das Projektteam entscheiden, ob vom Kindergarten gewünschte Erweiterungen noch realisiert werden sollen.

Abb. 3.14 SWOT-Matrix

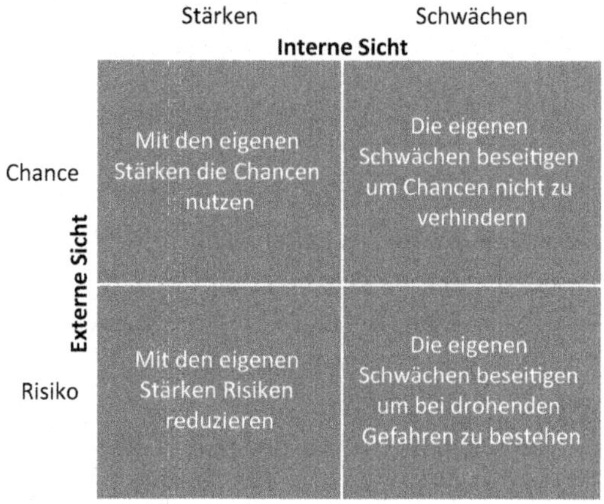

	Stärken	Schwächen
	Interne Sicht	
Chance	Mit den eigenen Stärken die Chancen nutzen	Die eigenen Schwächen beseitigen um Chancen nicht zu verhindern
Risiko	Mit den eigenen Stärken Risiken reduzieren	Die eigenen Schwächen beseitigen um bei drohenden Gefahren zu bestehen

Die Professorin ist an einer technischen Lösung interessiert, die als Muster für zukünftige Web-Projekte dienen kann.

Stärken: Die sehr guten Programmierkenntnisse könnten genutzt werden, um technisch schöne Lösungen zu realisieren, die die Professorin als Beispiel verwenden kann **(Stärke/Chance nutzen)**. Da die Kenntnisse sehr gut sind, besteht kein Realisierungsrisiko, solange keine Zeitnot vorliegt. Außerdem stellt es den Kindergarten mehr als zufrieden, wenn die neuen Anforderungen noch realisiert werden (externe Sicht: Chance) und er dadurch die Eltern noch besser informieren kann **(externe Sicht Risiko: Informationsdefizit der Eltern reduzieren)**.

Schwächen: Da die Gruppe keine guten Design-Ideen hat, sollte sie sich z. B. Studenten aus dem Studiengang „Interaktive Medien" holen, um dieses Defizit auszugleichen. Wenn die dies nicht tut, besteht die Gefahr, dass schöne technische Lösungen zwar von der Professorin gesehen, vom Kunden aber gar nicht wahrgenommen werden (Schwäche beseitigen, um **Chance** nicht zu verhindern). Außerdem kann so die Anforderung des Kunden kreativer umgesetzt werden, v. a. falls noch weitere Anforderungen gestellt werden (eigene Schwäche beseitigen, um bei drohender Gefahr, z. B. weitere Design-Anforderungen, zu bestehen).

3.6   Risiken erkennen und managen

Kein Projekt läuft ohne Schwierigkeiten durch. Es gibt immer Komplikationen, die abgewendet oder gelöst werden müssen, das wird auch in Ihrem Projekt nicht anders sein. Statt die Augen davor zu verschließen und darauf zu hoffen, dass schon alles gut gehen wird, sollten Sie sich dieser **Projektrisiken bewusst werden und sich überlegen, wie Sie damit umgehen wollen**. Im Folgenden wird das Prinzip des Risikomanagements erklärt. Basierend auf einer Umfrage unter Studierenden wird auf die am häufigsten vorkommenden Probleme eingegangen. So bekommen Sie eine gute Vorstellung davon, womit Sie rechnen müssen, und erhalten Tipps, wie Sie damit umgehen können.

3.6.1   Was ist Risikomanagement?

Risikomanagement (vgl. Schneck 2010) ist ein fester Bestandteil in jedem Projekt. Es geht dabei darum, Risiken möglichst frühzeitig **zu identifizieren, zu bewerten und den Umgang mit ihnen einzuplanen**.

Es gibt eine Vielzahl von Untersuchungen zu den größten und häufigsten Risiken im Projekt. Ebenso wird regelmäßig analysiert, warum Projekte scheitern, oder anders herum, was die Erfolgsfaktoren sind.

Sie sehen an diesem Beispiel in Abb. 3.15, dass **Kommunikation** und **Ziele** am häufigsten genannt sind, sowohl als Erfolgsfaktor als auch als Grund für das Scheitern. Ge-

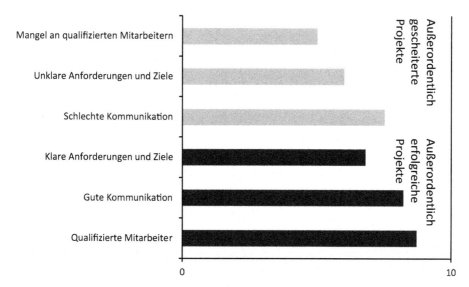

Abb. 3.15 Erfolgsfaktoren und Gründe. (vgl. GPM online 2008)

toppt wird es nur durch die Besetzung bei richtig erfolgreichen Projekten. Daher wurden diese Themen in diesem Buch bereits ausführlich behandelt.

Der Prozess des Risikomanagements gliedert sich in drei Phasen:

- Identifizieren
- Bewerten
- Überwachen und Steuern

Für Sie heißt das, beispielsweise mit einem Brainstorming Risiken zu **identifizieren.** Selten sind Risiken so versteckt, dass sie im Vorfeld niemandem auffallen. Im nachfolgenden Kapitel werden Ihnen auch häufige Risiken bei der Projektarbeit im Studium vorgestellt.

Eine **Risikomatrix** hilft dann, zu **bewerten,** wie wichtig diese Risiken für Ihr Projekt sind. (vgl. Fiedler 2005) Das sind ganz ähnliche Überlegungen wie bei der Festlegung der Prioritäten in der Taskliste, die Sie schon kennen. Besprechen Sie die ermittelten Risiken und bewerten Sie sie hinsichtlich **Eintrittswahrscheinlichkeit und Auswirkung** auf das Projektergebnis (Assessment). Sind Sie sich im Team uneinig, so bewerten Sie sie mithilfe von Punkten, die jeder in der Matrix setzen kann. Dort, wo der Schwerpunkt liegt, ist dann Ihr Mehrheitsentscheid. In Abb. 3.16 sehen Sie eine Vorlage.

Weitere Verfahren zur Einschätzung von Risiken sind die Nutzwertanalyse, die Sie schon aus dem Kapitel zum Entscheidungen treffen kennen, und die Delphi- Methode (vgl. Häder 2002). Delphi sei hier nur genannt, da sie für die Einschätzung der Risiken im Studium eher zu aufwendig ist.

Abb. 3.16 Risikomatrix

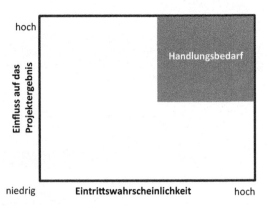

Überwachen und Steuern von Risiken bedeutet, dass **Maßnahmen** definiert werden, um Risiken zu vermeiden, und die Risiken ständig überwacht werden. Denn die Eintrittswahrscheinlichkeit und die Auswirkungen können sich mit der Zeit verändern.

Die größte Schwierigkeit dabei ist, die definierten Maßnahmen umzusetzen. Aktuelle Studien in Unternehmen zeigen, dass die Identifikation und die Bewertung von Risiken bereits sehr etabliert sind, Lösungspläne oder gar Trainings für die Lösung von Risikosituationen aber wenig verbreitet sind (ähnlich einem Flugsimulator beim Pilotentraining oder einer Seenotrettungsübung) (vgl. Wieland und Wallenburg 2011). Auch wird die Umsetzung solcher Maßnahmen in Unternehmen oft an die Linienfunktionen außerhalb eines Projektes delegiert, die Verantwortung wird also geteilt und damit die Realisierung erschwert.

3.6.2   Der Umgang mit Risiken

Sie haben die Risiken analysiert, aber welche Möglichkeiten haben Sie nun, mit Ihnen umzugehen? Grundsätzlich gibt es für alle Arten von Risiken **fünf Wege**, die Sie wählen können:

- **Akzeptieren Sie das Risiko** und tragen Sie die Konsequenzen.
- **Arbeiten Sie hart an der Vermeidung** bzw. Reduzierung des Risikos.
- Schließen Sie das Risiko aus, indem Sie es **aus dem Scope** (Inhalt und Umfang) des Projektes nehmen.
- Entwickeln Sie **Alternativpläne** oder Lösungen für den Fall des Eintritts eines Risikos.
- Übertragen Sie das Risiko auf **jemand anderen außerhalb** des Projektes.

Akzeptieren Sie das Risiko und tragen Sie die Konsequenzen
Sie entscheiden sich dafür, sich auf das Risiko einzulassen. Es kann sein, dass die **Eintrittswahrscheinlichkeit so gering ist, dass es sich nicht lohnt, weiter darüber nach-**

zudenken. Oder aber der Einfluss auf das Projektergebnis ist so gering, dass es im Eintrittsfall keine nennenswerte Auswirkung hat. Ein Beispiel: Es ist ziemlich unwahrscheinlich, dass Sie keinen Laborzugang bekommen – dann würde Ihr Projekt sowieso scheitern. Und ob Sie Ihren Bericht am Ende farbig oder schwarz-weiß abgeben, weil Sie nicht mehr auf den Farbdrucker zugreifen können, wird Ihre Note nicht wirklich verändern.

Arbeiten Sie hart an der Vermeidung bzw. Reduzierung des Risikos
Dies ist wohl der **häufigste Lösungsweg** – hart arbeiten, damit es nicht zum Problem kommt oder die Auswirkung nicht so dramatisch wird. Häufigstes Beispiel dafür sind Aufgaben, die von Projektmitgliedern wahrscheinlich nicht rechtzeitig oder nicht vollständig fertiggestellt werden. Dieses Risiko haben Sie ziemlich sicher immer.

Schließen Sie das Risiko aus, indem es aus dem Scope des Projektes genommen wird
Sie können ein Risiko ausschließen, indem Sie die zugehörige Aufgabe oder Spezifikation **aus dem Inhalt und Umfang des Projektes herausnehmen**. Ein Beispiel hierzu wäre das Streichen von Funktionen aufgrund von fehlendem Support oder Material, der oder das dafür nötig wäre.

Entwickeln Sie Alternativpläne oder Lösungen für den Eintrittsfall eines Risikos
Das ist der bekannte **Plan B**. Wenn Sie erkennen, dass der gewählte Weg wahrscheinlich nicht funktioniert, so sollten Sie Alternativpläne entwickeln. Das gilt sowohl für Projektschritte als auch für Messmethoden oder Versuchsaufbauten.

Übertragen Sie das Risiko auf jemand außerhalb des Projektes
Das ist die Delegation des Problems. Haben Sie schon davon gehört, dass Versicherungen den Eintrittsfall von Risiken versichern? Ganz häufig findet dies bei Bauprojekten oder Umstellungsprojekten bzgl. des Fertigstellungstermins statt. **Im Studium haben Sie hier wenige Möglichkeiten**, außer Ihr Betreuer oder externer Partner lässt sich darauf ein, das Risiko für Sie zu übernehmen. Es kann zum Beispiel sein, dass Ihr Betreuer etwas für Sie abklärt, weil Sie nicht weiter kommen. Kann er es auch nicht regeln, dann trägt der Betreuer die Konsequenzen, indem er für Sie eine Alternative sucht oder diesen Part des Projektes selbst beisteuert. Es kann auch sein, dass Sie letztlich auf Fall 3 (Scope-Reduktion) zurückgreifen müssen.

3.6.3 Welche Risiken treten bei der Projektarbeit im Studium auf?

Im Sommersemester 2012 haben Studenten im Masterstudiengang Business Information Systems an der Hochschule Augsburg in ihrer Fakultät analysiert, was bei der Projektarbeit an der Hochschule die größten Risikofaktoren sind. Dafür wurden die Risiken zunächst durch offene Fragen an Studenten und Professoren identifiziert (48 Risiken wurden ermit-

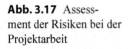

Abb. 3.17 Assess-
ment der Risiken bei der
Projektarbeit

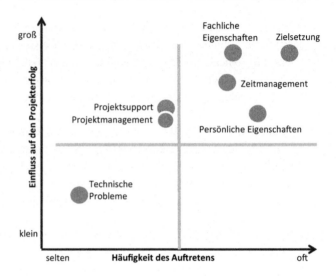

telt) und in sieben Rubriken eingeteilt. Danach wurden sie mittels Internetumfrage durch die Studenten bewertet, so konnten sie in der Risikomatrix eingestuft werden. Insgesamt beteiligten sich 98 Studierende an der Umfrage. In Abb. 3.17 ist das Ergebnis der Umfrage zu sehen.

Bis auf die Rubrik **„technische Probleme"** haben alle Risikogruppen im Schnitt einen eher großen Einfluss auf das Projektergebnis. Die technische Unterstützung (Zugang zu Laboren, Zugriff auf Equipment und deren Funktionsfähigkeit etc.) wurde insgesamt eher als unproblematisch eingestuft.

Die Bereiche **„Projektmanagement"** und **„Projektsupport"** haben einen großen Einfluss, sind jedoch nicht so häufig von Bedeutung wie unklare Ziele, fachliche und persönliche Eigenschaften der Projektmitglieder und dem Punkt Zeitmanagement.

▶   Größter und häufigster Einfluss auf das Projekt ist eine unklare „Zielsetzung",
     d. h. dass den Studierenden nicht klar ist, was genau die Anforderungen sind.
     Das Thema wird nicht wirklich hinterfragt, und oftmals wird auch kein Projekt-
     auftrag geschrieben. Zudem wird das Ziel im Team unterschiedlich verstanden.
     Das deckt sich mit den Auswertungen zu Projekten in der Wirtschaft.

Nicht überraschend wurden **„fachliche Eigenschaften"** als sehr hohes Risiko bewertet. Dabei werden die größten Probleme durch die Teammitglieder selbst verursacht. Mangelnde Vorkenntnisse führen zu Fehleinschätzungen und zu Schwierigkeiten, einen Vorgehensplan festzulegen.

Ein weiteres Hauptrisiko liegt im **„Zeitmanagement"**. Hier wurden Risiken rund um das Thema Terminplanung und -einhaltung bewertet. Häufigstes Problem liegt darin, dass die Dauer und der Aufwand für Projektphasen und Aufgabenpakete falsch eingeschätzt

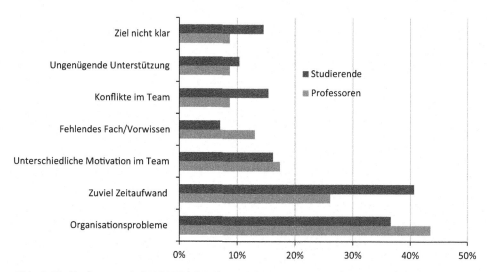

Abb. 3.18 Umfrageergebnis 2015 Risiken im Studium

werden und daher Termine von vornherein nicht zu halten sind. „Arbeiten auf den letzten Drücker" scheint ein Thema in wirklich jedem Projekt zu sein. Diese Arbeitsweise rührt einerseits aus dem Selbstmanagement jedes einzelnen und andererseits daher, dass externe Termine und Verfügbarkeiten der Studierenden bei der Projektplanung oft nicht berücksichtigt werden.

Im Bereich **„persönliche Eigenschaften"** werden Motivation und Engagement insgesamt als kritischste Risiken im Projekt überhaupt angesehen. Dennoch besteht wenig Bereitschaft zur Eskalation oder zur Lösung der Problematik. Das Projektergebnis wird oftmals von Einzelnen in der Gruppe sichergestellt und andere werden „mitgeschleift". Sie wollen ja niemanden hinhängen, schließlich ist dieses Projekt ja nicht die einzige Arbeit, die Sie im Studium zusammen machen, oder?

Im Sommersemester 2015 wurde im Rahmen einer fakultätsübergreifenden Studie geschaut (6 Fakultäten, 450 Studierende, 45 Professoren), ob sich die Umfrageergebnisse aus 2012 auch in anderen Fakultäten der Hochschule Augsburg widerspiegeln. **Ob die Risiken von Professoren und Studierenden unterschiedlich gesehen werden?** Abbildung 3.18 zeigt das Ergebnis.

Größter Unterschied zwischen Professoren und Studierenden liegt in der Einschätzung des Zeitaufwandes für das Projekt. Das wurde nochmals detaillierter nachgefragt und **70 % der Professoren sehen den Aufwand und die Credits im richtigen Verhältnis, 60 % der Studierenden sagen genau das Gegenteil.** Im Gegensatz zur Umfrage 2012 wurden technische Probleme nicht als Risiken für den Projekterfolg genannt. Es scheint, dass beispielsweise Zugänge zu Laboren oder nicht funktionierendes Equipment als zu lösende Aufgabe und nicht als Probleme eingeschätzt werden.

3.6.4   Verändern sich Risiken mit der Erfahrung im Studium?

In der Umfrage von 2015 wurde auch untersucht, ob sich die Risiken mit der Erfahrung der Studierenden verändern, also im ersten Projekt oder in weiteren Projekten. Das Ergebnis ist in Abb. 3.19 zu sehen.

Mit zunehmender Erfahrung wird effizienter gearbeitet. Die Studierenden schätzen sich selbst als besser organisiert und mit geringerem Zeitaufwand ein. Das sind Lerneffekte, wie sie zu erwarten sind. Die unterschiedliche Motivation im Team wird kritischer gesehen und führt auch eher zu Eskalationen, da die Bereitschaft zum Mitziehen von unwilligen Mitstudenten sinkt.

90 % der Professoren gaben an, Feedback zum Projekt zu geben, 69 % der Studierenden gaben an, welches erhalten zu haben. Der Unterschied in den Nennungen liegt wahrscheinlich darin, dass nicht 1:1 geantwortet wurde. Das sind auf jeden Fall sehr gute Feedback-Quoten. In den Fällen, wo kein Feedback vorlag, wurde nach Gründen gefragt, wie in Abb. 3.20 zu sehen ist. Da die Antworten nicht sehr differenziert ausgefallen sind, scheint kein großes Interesse an dem Thema bei den verneinenden Studierenden vorzuherrschen. Nur 2 % gaben an, keines gewollt zu haben.

3.6.5   Unterschiedliches Engagement im Team

Die zwei einflussreichsten Risiken liegen in der unterschiedlichen Motivation und dem damit verbundenen unterschiedlichen Engagement der Studierenden. Aus diesem Grund findet sich ein eignes Kapitel zum Thema „Motivation" in diesem Buch (Abschn. 3.9).

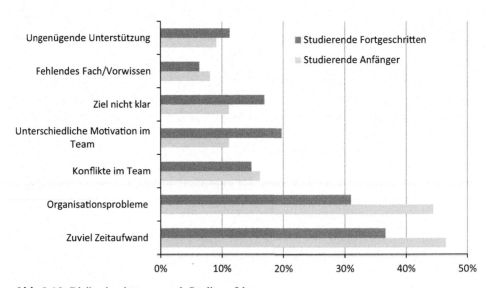

Abb. 3.19 Risikoeinschätzung nach Studienerfahrung

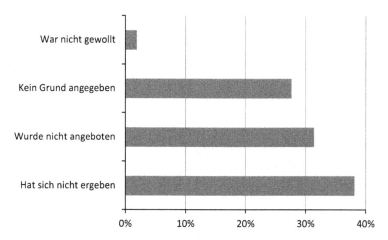

Abb. 3.20 Gründe für fehlendes Feedback

Es ist wichtig, verstanden zu haben, wie Motivation funktioniert, nur so können Sie die richtigen Mittel ergreifen, um dieses Risiko zu reduzieren.

Eine **Kernfrage** stellt sich: Lohnt sich der Aufwand, sich selbst und andere zu motivieren und immer weiter- oder mitzumachen in jedem Fall? Oder gibt es auch Situationen, in denen Sie hinterher die Erkenntnis mitnehmen, mit wem Sie besser nicht wieder zusammenarbeiten? Ja, so ist es, und so wird es Ihnen auch später im Berufsleben gehen. Es ist daher nicht möglich, pauschal zu sagen, wie Sie sich verhalten sollten. Folgende Situationen extrem unterschiedlicher Motivation und Engagements treten immer wieder auf. Vielleicht helfen sie Ihnen bei der Beurteilung Ihrer eigenen Situation.

Einzelne Studierende wollen viel mehr erreichen, als der Rest der Gruppe (A)
Im Extremfall gibt es in einem Projektteam sowohl Studenten mit einem Exzellenz-Anspruch als auch solche, die einfach nur durchkommen wollen. Diese Situation führt unweigerlich zu Konflikten. Sie haben keinen Konsens in der Qualität des Ziels. Sie können sicher sein, dass Ihr Betreuer dies sehen wird. Da Sie Anspruch auf eine individuelle Note haben, müssen Sie nicht damit rechnen, dass das gesamte Team dieselbe Note erhält. Ihre Beteiligung wird sich also in der Bewertung widerspiegeln.

Es stellt sich die Frage, wie Sie mit dieser Situation umgehen. Sie sollten das auf jeden Fall im Team ansprechen und nicht „aussitzen", das würde nur zu einer Verschiebung des Konfliktes mit wahrscheinlich noch größerem Unmut führen. Es ist immer schön, ein ambitioniertes Team zu haben, vielleicht reicht Ihre Motivation aus, um **die anderen mitzuziehen**? Dieser Einfluss ist nicht zu unterschätzen. Warum möchte Ihre Gruppe einfach nur durchkommen? Lassen sich hierfür **Ursachen** finden, die beseitigt werden können? Auf der anderen Seite kann Ihr Anspruch zu hoch sein, die Erwartungen an das Projekt überzogen. Dann haben Sie vielleicht keinen Exzellenz-Anspruch, sondern Ihre Erwartungshaltung ist lediglich unrealistisch. Fragen Sie sich auch das einmal! Ein Gespräch mit dem Betreuer kann Ihnen helfen, das richtig einzuschätzen.

Einzelne Studierende überengagieren sich (B)

Und damit nehmen sie quasi den anderen die Arbeit weg. Das kann so weit gehen, dass sich die anderen bewusst weiter zurückziehen und noch weniger machen. Gut gemeint im Sinne des Projekterfolgs – aber nicht Sinn der Sache. Solche Situationen werden viel zu wenig eskaliert, sondern stillschweigend in Kauf genommen. **Überlegen Sie sich, ob Sie das wirklich wollen.** Gefährden Sie nicht andere Aufgaben in Ihrem Studium, indem Sie allein zu viel Arbeit für das Projekt investieren oder es „retten"? Und: Sie übernehmen zwar Verantwortung, bremsen die anderen aber zugleich aus. Sprechen Sie diese Situation auf jeden Fall an – beiderseits! Denn auch andersherum gilt: Anstatt sich zu freuen und bequem zuzusehen, wie ein Teamkollege die Arbeit erledigt, können Sie Ihren **Arbeitsanteil einfordern**.

Fragen Sie sich einmal, **warum** Sie sich überengagieren bzw. warum Ihr Teamkollege das macht. Trauen Ihnen die anderen nicht zu, dass Sie die Arbeit leisten können? Liegt Fall A vor? Ist es eine Reaktion auf Fall C? Will der Teamkollege gar nicht im Team arbeiten? Oder haben Sie einen Genius im Team, dem wirklich niemand das Wasser reichen kann? Solche Fälle gibt es: Ein einzelner Studierender ist den anderen mit seinen fachlichen Kompetenzen so weit voraus, dass er in wenigen Tagen Lösungen realisiert, für die das Team Wochen benötigt. Hier ist der Betreuer gefragt, in das Projekt einzugreifen, um Frustrationen (beiderseits) zu vermeiden. Das kann bis hin zu einer Änderung des Projektinhaltes oder Ziels führen.

Einzelne Studierende machen kaum mit (C)

Wenn jemand gar nicht, zu wenig oder einfach nur unzuverlässig mitarbeitet, so ist der erste Schritt immer **nachzufragen, was los ist**. Es gilt, diese Person einzubeziehen, nie einfach auszuschließen. Denn Sie brauchen jedes Teammitglied, Ihr Projekt ist vom Volumen her auf die Gruppenstärke ausgelegt. Verzichten Sie also nicht einfach auf eine Arbeitskraft! Das können Sie sich später im Berufsleben auch nicht leisten.

Schließen Sie gravierende Gründe aus, z. B. Krankheit, bevorstehender Studienabbruch oder andere existenzielle Themen. In diesen Fällen liegt es nicht an der Motivation oder der Fähigkeit des Teammitglieds, sondern an etwas ganz anderem, dass Sie wahrscheinlich nicht beeinflussen können. Fragen Sie Ihren Betreuer um Rat, wenn Sie selbst keinen Lösungsweg finden oder Ursachen in dieser Richtung vermuten. **Wenn es sich nicht um solche gravierenden Ursachen handelt, wird von Ihnen erwartet, dass Sie diese Teamsituation selbst lösen.** Rechnen Sie also nicht damit, dass Ihr Betreuer eingreift und für eine Lösung des Problems sorgt.

▶   Mehrheitlich sind eher Demotivation, Desinteresse, mangelnde Fähigkeiten, Überforderung oder auch Unterforderung die Ursachen für mangelnde Mitarbeit.

Haben Sie schon einmal daran gedacht, dass es für den Betroffenen schwer ist, das offen auszusprechen? Nicht jeder gibt seine Meinung zum Projekt leicht kund, sondern viele wählen die „stille Flucht". Verharren Sie nicht in der Erwartungshaltung, dass sich der

Nicht-Mitmacher äußern muss, Sie können auch auf ihn zugehen und ihn aus der Demotivation und dem Desinteresse herausziehen.

Ist eine **Überforderung** die Ursache, so kann ihm vielleicht jemand anderes im Team die Aufgaben erklären oder sie mit ihm gemeinsam erledigen. Ist auch das nicht hilfreich, so müssen die Arbeitspakete anders festgelegt werden. Es nützt Ihnen nichts, dass Sie weiter darauf beharren, dass der Studierende sein Arbeitspaket eben liefern muss, während Sie wissen, dass es nicht passieren wird, weil er es schlichtweg nicht kann. Liegt es am Volumen oder an Terminkonflikten, so kann die Arbeit neu verteilt oder terminiert werden, natürlich nur nach Absprache. Helfen Sie sich gegenseitig und verharren Sie nicht an den im Projektplan festgelegten Aufgabenteilungen – so flexibel sollten Sie sein.

Denken Sie daran, dass vielleicht auch ein **Konflikt zwischen Teammitgliedern** zu mangelnder Mitarbeit führen kann. Das muss nicht immer offensichtlich sein, man geht sich einfach aus dem Weg und damit den Weg des vermeintlich geringsten Widerstandes.

Ändert sich auf Dauer nichts, so fährt der Studierende vielleicht mit einer Mini-Max-Methode durchs Studium und setzt darauf, dass Sie ihn mit durchziehen. Überlegen Sie, ob Sie das wollen bzw. fragen Sie sich, ob Sie wirklich so wahrgenommen werden wollen. Manchmal hilft auch eine **klare Ansage im Team**: Wenn sich nichts ändert, dann sind Sie raus und damit sogar bereit, Ihr Bestehen im Projekt zu gefährden.

3.6.6   Der Umgang mit mangelnder Bereitschaft zur Teamarbeit

Auch Projektmitglieder, die sich schwer ins Team integrieren lassen, müssen nur **die zu ihnen passende Rolle finden**. Dadurch entstehen neue Chancen – und das gleicht die Nachteile, die sich aus der mangelnden Anpassung ergeben haben, aus.

Beispiel: Fußballteam

Fußball EM 2012 in Polen, Halbfinale Deutschland gegen Italien. Die italienische Mannschaft spielt ein 10 + 1 Spiel, d. h. sie hat einen Spieler in der Mannschaft, der zurück bleibt, um auf eine Konterchance zu warten – die er so zuverlässig verwandeln kann, wie kein anderer: Es ist ein Spieler, der dafür bekannt ist, nicht hinter anderen zurückzustehen, sich nicht anzupassen oder einzuordnen. Hier ist also ein Spieler, der nicht im Spiel integriert ist, mit dem Nachteil, dass er im Angriffsfall nicht zur Verteidigung zur Verfügung steht (Risiko des Gegentores). Dennoch übernimmt er eine Aufgabe, die letztlich zum Erfolg des Teams führt. 2:1 für Italien durch zwei Konter.

Haben Sie also jemanden im Team, **der lieber für sich als für das Team arbeitet, nicht kommuniziert** (oder Informationen zurückhält), sich ungern führen lässt und unabgestimmt seine Arbeiten selbst wählt, so ist das eine Herausforderung für das Projektteam und sicher keine einfache Situation. Was können Sie tun? Zunächst sollten Sie herausfinden, **warum** das so ist.

Vielleicht gibt es historische Gründe (Erfahrungen) oder persönliche Differenzen. Dann können Sie versuchen, diese Konflikte zu lösen (Abschn. 3.8 über Konfliktmanagement). Liegt es einfach an der Person selbst (ist es also grundsätzlich so), so müssen Sie Regelungen treffen, damit es nicht zu Konflikten im Team kommt, die das Projekt gefährden. Der Beitrag, den die Person leisten kann und will, muss herausgearbeitet werden: ihre Fähigkeiten und Kenntnisse, die sie einbringen kann. Sie können ihm gegenüber anführen, dass der Projektbeitrag des Betroffenen zu einem „Bestanden" führen muss – und das hat er maßgeblich selbst in der Hand.

Wenn Sie selbst diese Person sind, also nicht im Team, sondern lieber für sich arbeiten, so ist das Ihre Einstellung gegenüber dem Projektteam und die steht Ihnen grundsätzlich auch frei. Nur nützt sie eben nichts, wenn Sie als Team eine Aufgabe zu lösen haben: **Sie müssen mindestens bereit sein, Ihren Beitrag zum Ergebnis zu liefern und die anderen nicht zu behindern.**

Auch hier wird von Ihnen als Team erwartet, dass Sie die Situation selbst lösen, erwarten Sie daher keine Einmischung von Ihrem Projektbetreuer.

3.6.7 Vorgehen bei ungenügenden fachlichen Vorkenntnissen

Aufgrund fehlender Erfahrung oder mangelnder Vorkenntnisse zum Thema wissen Sie gerade am Anfang oft nicht, wie Sie vorgehen sollen. Wirksamstes Mittel ist hier, **sich Zeit zu nehmen für die Startphase und sich so weit in das Thema einzuarbeiten, bis Sie es besser beurteilen können,** anstatt dem Betreuer schnell irgendwelche Ergebnisse vorzulegen.

Manche Betreuer planen diese Einarbeitung mit ein und bieten ihren Studierenden an, zunächst die Literatur zu studieren, beispielsweise in der Prephase während der Semesterferien. Oder es wird zu Beginn eine Exkursion gemacht, um das Thema live kennenzulernen. Andere Professoren arrangieren einen **Gastvortrag** zum Thema von einem Experten oder geben selbst eine **Einführung in das Thema**. Ist all dies nicht möglich oder gewünscht (weil z. B. dieser Wissensaufbau ausdrücklich Teil des Projektes ist), so sollten Sie im Projektplan eine Ausprobierphase einplanen: Sie legen also einfach chaotisch drauf los, um den Einstieg zu finden, und erst danach gehen Sie in geordneten Bahnen anhand des Projektplans vor. Kommunizieren Sie das als Teil Ihres Projektplans.

> ▶ Später im Projekt werden Sie bemerken, dass Sie Fehleinschätzungen getroffen haben bzgl. des Aufwandes, der für einzelne Aufgabenpakete notwendig ist. Dann aktualisieren Sie die Taskliste oder passen den Projektplan an. Nicht ignorieren! Ein nicht aktualisierter Projektplan wird nicht gerne gesehen und kann sich negativ auf die Bewertung auswirken.

Bemerken Sie mit fortschreitenden Kenntnissen und Erfahrungen, dass Sie Ihr Projekt **inhaltlich korrigieren** oder Sie andere Lösungswege gehen sollten, so planen Sie Ihr

Projekt neu. Manchmal hilft nur: Zurück auf Start! Haben Sie den Mut zu dieser Entscheidung, das hat nichts mit Aufgeben zu tun. **Besser Sie nutzen die verbleibende Projektzeit mit dem richtigen Lösungsansatz**, anstatt eine fragliche Lösung auf bisherigen Wegen anzustreben. Es kann Ihnen jedoch auch passieren, dass Ihr Betreuer zufrieden ist mit dem, was Sie bis dahin erarbeitet haben und die gewonnenen Erkenntnisse im Vordergrund stehen. Sprechen Sie sich daher unbedingt ab, wenn Sie einen Neustart des Projektes erwägen. Das gilt umso dringender, je kürzer Ihre verbleibende Zeit ist.

3.6.8 Technische Probleme – was wird von mir erwartet?

Technische Probleme treten am seltensten auf und haben nach Einschätzung der Studierenden den geringsten Einfluss auf das Projektergebnis. Sie sind leicht zu erkennen und konkret zu lösen.

Benutzen Sie technische Probleme **nie als Ausrede**, warum es nicht weiterging. Liegen tatsächlich technische Probleme vor, die Sie nicht lösen können (z. B. am Equipment), so hat auch der Professor oder der Labormitarbeiter ein Interesse daran, diese zu beheben. Sprechen Sie die zuständigen Personen an! Dabei reicht eine einfache Mail manchmal nicht, hier müssen Sie eine gewisse Penetranz entwickeln. Das gleiche gilt für den Zugang zu den Laboren, die Einrichtung von Software oder den Erhalt nötiger Materialien oder Proben.

Der **Anspruch an Ihre Problemlösungskompetenz ist hoch,** viel höher als in der Schulzeit. Sie sollten sich darauf einstellen, selbst via Handbücher, Recherchen und Ausprobieren (!) Lösungen zu finden. Seien Sie nicht überrascht, dass Ihr Betreuer manchmal konkrete Hilfestellung ablehnt und Sie mit Fragen bzw. Hinweisen auf Literatur oder die Vorlesung zum Denken anregen möchte. Das kann frustrierend sein, aber sich selbst aus einem Problem herauszuarbeiten, ist Teil Ihrer Projektaufgabe.

3.7 Teamentwicklung

Arbeiten im Team ist nicht einfach, macht aber jede Menge Spaß. Wenn Sie es geschafft haben, Ihr Team zu einem Hochleistungsteam zu entwickeln, werden Sie am Projektende traurig sein, dass die Zusammenarbeit vorbei ist. Dafür sollten Sie verstanden haben, wie Teamentwicklung funktioniert und wie sich ein Team in seinen Entwicklungsphasen am besten führen lässt.

3.7.1 Wie sich Teams entwickeln

Bruce Tuckman, Professor an der Ohio State University, veröffentlichte 1965 eine Theorie, wie sich Teams in ihrer Leistungsfähigkeit entwickeln (vgl. Tuckman 1965). Er ermittelte

Abb. 3.21 Teamentwicklung
nach Tuckman

fünf Phasen, die jedes Team durchläuft. Warum ist das für Sie wichtig zu wissen? Sie erleben in Ihrem Projekt immer wieder Phasen, in denen Sie produktiv sind, und andere, in denen Sie frustriert sind oder ständig in Konflikte untereinander geraten. Es ist einfach hilfreich zu wissen, dass dies normal ist und einem Muster folgt. In Abb. 3.21 sehen Sie den Verlauf der Teamentwicklungsphasen. Die Entwicklung geht aber nicht nur in eine Richtung – es kann durchaus passieren, dass Sie Phasen mehrfach erleben.

Orientierungsphase (forming)

Das Team orientiert sich. Alle sind neu, kennen sich noch nicht, jeder hat bestimmte Erwartungen und muss erst in seine Rolle finden. **Primärer Bezugspunkt ist der Teamleiter bzw. zunächst der Betreuer** (bis sich ein Teamleiter gefunden hat). Die Aufgabenstellung bestimmt das Team, es wird von „man" gesprochen (z. B. „man sollte dies oder jenes tun"), da keine klaren Zuständigkeiten vorliegen.

Konfrontationsphase (storming)

Meinungen bilden sich und **Konflikte** treten gehäuft auf. Zwei Schritte voraus, einer zurück – so wird diese Phase oft erlebt. Gefühle und Meinungen werden direkt angesprochen. Die Sprache ändert sich von „man sollte" zu „ich will, dass …". Die Teammitglieder **beobachten sich genau**: Wer arbeitet mehr, wer drängt sich in den Vordergrund? Ganz wichtig ist jetzt, das Ziel nicht aus den Augen zu verlieren. Am Ende dieser Phase sollte jeder seine Rolle gefunden haben. Keine Panik also, wenn Sie in diese Phase kommen – **sie ist völlig normal**, das Projekt scheitert nicht und Sie sind auch nicht am falschen Platz.

Kooperationsphase (norming)

Das Team hat sich gefunden und will gemeinsam das Projekt meistern. Gedanken und Ideen werden offen ausgesprochen, die Atmosphäre ist freundlich und die **Teammitglieder vertrauen einander**. Die **Rollen sind klar**, alle arbeiten entsprechend, Kooperation ist angesagt. Der Betreuer wird kaum gebraucht, das Team hat sich im Griff.

Wachstumsphase (performing)
Das Team hat das Ziel vor Augen. Die **gesamte Energie fließt in die Aufgabenbewältigung**. Jeder verlässt sich auf den anderen und jeder weiß, was der andere kann. Jeder erfüllt seine Aufgaben, ohne dass groß danach gefragt werden muss. Es ist ein hohes Arbeitstempo möglich, das zu konkreten Ergebnissen führt. Manchmal ist ein Projekt zu kurz, um diese Phase länger zu erleben, was sehr schade ist.

Auflösungsphase (adjourning)
Es ist vorbei. Zu einem guten Projektende gehört eine Abschlussparty. Und denken Sie daran: Nach dem Projekt ist auch vor dem nächsten Projekt. Vielleicht treffen Sie sich im Studium wieder.

3.7.2 Situativer Führungsstil im Projekt

Nicht nur das Team, sondern auch die einzelnen Personen entwickeln sich im Laufe des Projektes und brauchen daher einen Führungsstil, der diese Veränderungen berücksichtigt. Fragen Sie sich einmal, wann Sie sich gut in einer Aufgabe geführt oder betreut gefühlt haben. Vermutlich dann, wenn die Führungskraft fähig war, Ihnen genau so viel **Unterstützung in fachlicher und emotionaler Hinsicht zu geben, wie es Ihrem Entwicklungsstand entsprach**.

Es ist deshalb wichtig, dass eine Führungskraft mehr als einen Führungsstil einsetzen kann. Passen der Führungsstil und der Entwicklungsstand des Mitarbeiters nicht zusammen, so entstehen zwangsläufig Konflikte. Warum ist das wichtig für Sie? Weil Sie einerseits als Teamleiter im Projekt auch Führungsaufgaben wahrnehmen und andererseits die passende Unterstützung von Ihrem Betreuer einfordern sollten. Ken Blanchard und Paul Hersey haben zu dieser Auffassung von Führung ein Modell entwickelt: „Situativ Führen" (vgl. Hersey 1982). Abbildung 3.22 zeigt die wichtigsten Bestandteile.

E1 Anleiten
Zu Beginn einer neuen Aufgabe ist jede Person im Entwicklungsstand **E1**. Sie ist neugierig und motiviert, weiß aber nicht so recht, was zu tun ist. Die Aufgabe wird als spannend empfunden. Hier ist wenig emotionale Unterstützung erforderlich, aber **sehr hohe fachliche, dirigierende**. Bei der Projektarbeit erwarten Teammitglieder hier beispielsweise Hinweise auf passende Literatur, um sich in das Thema einzuarbeiten, und Anleitung zur Orientierung darüber, worin die Aufgabe besteht, damit sie Arbeitspakete definieren können. Der passende Führungsstil ist also **S1**. Hier ist darauf zu achten, dass der Betreuer nicht in die Rolle des Projektleiters gerät – mache Betreuer meinen es einfach zu gut. Startet ein Projekt beispielsweise mit S4, sprich wenig emotionaler Unterstützung und wenig fachlichem Input, gekoppelt mit delegativen Verhalten, dann entsteht Ratlosigkeit und operative Hektik ohne Richtung. Es kann sein, dass dadurch ein Lerneinstieg provoziert wird, aber eine effiziente Projektarbeit fördert es nicht.

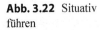

Abb. 3.22 Situativ
führen

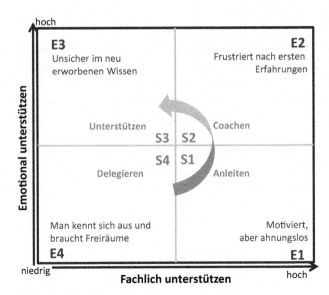

E2 Coachen

Nach den ersten Erfahrungen wird **E2** durchlaufen, eine Phase, die ganz unterschiedlich
lang sein kann. Mit ansteigenden Kenntnissen und Erkenntnissen sowie der Verarbeitung
von ersten Rückschlägen wird oft rasch in E3 gewechselt. **E2 ist die kritischste Phase in
einem Projekt.** Erfolgt kein gutes Coaching mit **S2**, besteht das Risiko, dass der Projektmitarbeiter aufgibt, weil er keinen Fortschritt wahrnimmt. Ein Gefühl von „das schaffe ich
nicht – das verstehe ich nicht" kann dazu führen, dass er den Kopf in den Sand steckt. Die
anderen Teammitglieder erleben diese Verhaltenweise dann so, als würde er sich vor der
Arbeit drücken, was wiederum zu Konflikten eskalieren kann.

E3 Unterstützen

Befinden Sie sich in **E3**, dann sind Sie fachlich fortgeschritten und brauchen lediglich **Bestätigung Ihrer Arbeit oder Ermutigung**. S3 ist damit ein unterstützender Führungsstil
auf der emotionalen Ebene. Fatal für die Entwicklung ist hier eine Anwendung von S1
(wenig emotional mit stark direktivem Verhalten).

Beispiel: Zusammenspiel von Entwicklungsphasen und Führungsstilen

Ein Student hat sich mit viel Aufwand in ein Thema eingearbeitet (E1) und Rückschlä-
ge bei der Entwicklung eines Programms erfahren (E2), aber viel daraus gelernt, so
dass er an sich keine Schwierigkeiten mehr mit der Aufgabe hat (S3). Es mangelt lediglich am Selbstvertrauen, sein Vorhaben einfach umzusetzen. Greift jetzt der Betreuer
mit detaillierten Vorgaben oder Korrekturen ein, wie der Student dies und das ändern
muss (S1), so stößt er ihn vor den Kopf und führt ihm seine vermeintliche Unkenntnis
vor. Der Student wird sofort wieder in E2 zurückfallen, begleitet von einer immens
hohen Frustration und ggf. einem Verlust von Vertrauen in den Betreuer.

Abb. 3.23 Teamentwicklung
und situativ Führen

Die Absicht war gut, nämlich dem Studenten im Projekt weiterzuhelfen, aber vollkommen
kontraproduktiv.

E4 Delegieren
Sind Sie in **E4** angelangt, können Sie mit Selbstbewusstsein **sehr eigenständig arbeiten**.
Sie nehmen Kritik offen an, ohne dass dies zu Selbstzweifeln führt. Die Arbeitsweise ist
sehr produktiv und schnell, Kontrolle ist unerwünscht. Dementsprechend ist der Betreu-
ungsaufwand gering:**S4**.

Führungsstil und Teamphasen
Abbildung 3.23 zeigt, welche Führungsstile bevorzugt in den verschiedenen Phasen der
Teamentwicklung zum Tragen kommen. So verbindet sich die Entwicklung des einzelnen
mit der Entwicklung des Teams.

3.7.3 Das Tal der Tränen

Es ist wichtig zu wissen, dass sich die Produktivität im Verlauf eines Projektes verändert:
Es ist ganz normal, dass am **Anfang und am Ende des Projektes viel gearbeitet** wird,
mit entsprechend viel Projektfortschritt, und dass es dagegen **im Mittelteil eher zäh** ist.
Abbildung 3.24 stellt dies dar. Woran liegt das?
Zu Beginn jeder neuen Aufgabe fragen sich viele: Was kommt auf mich zu? Kann ich
das? Will ich das? In vielen Fällen wird die eigene Kompetenz zum Lösen der Aufgabe
zunächst als gering wahrgenommen. Lassen Sie sich dann auf die Aufgabe ein, so folgt
die Euphorie – ja, ich mache das! Das bekomme ich schon hin! Sie sind erst einmal stolz
auf sich (Sie sind also in E1, wie im vorhergehenden Kapitel beschrieben). Mit tatsächlich
wachsenden Kenntnissen kommt dann die **Einsicht in Probleme** und die Euphorie sinkt
hinab ins Tal der Tränen, auch „Tal der Enttäuschungen" genannt: Ich kann es nicht. Was

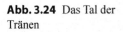

Abb. 3.24 Das Tal der Tränen

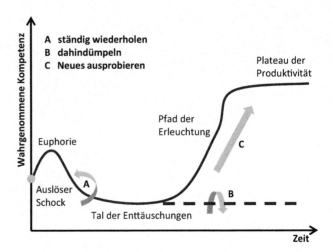

ich alles nicht weiß. Was soll ich tun? Versuche scheitern, die Moral im Team sinkt und die Storming-Phase ist voll im Gange.

Das Gefühl der Enttäuschung kann sich einstellen, weil Ihre Hoffnungen oder Erwartungen nicht erfüllt werden. Enttäuschung ist dabei auch immer ein Erkenntnisgewinn und damit eine Chance auf Veränderung.

Jetzt kommt es auf Sie an. Gehen Sie den **Weg A**, so erleben Sie ein Gefühlschaos nach dem anderen und kommen nicht vom Fleck. Gehen Sie **Weg B**, so dümpelt das Projekt vor sich hin. Sicher, Sie werden auch auf diese Weise ein Ergebnis liefern, aber gut wird es nicht. Ein zähes Projekt, das keinen Spaß macht. Gehen Sie **Weg C** und lassen sich auf neue Überlegungen ein, holen Sie sich Rat, suchen nach Antworten auf Ihre Fragen, nehmen Fleißarbeit in Kauf oder probieren einfach auch abwegige Ideen aus (Mut!), so haben Sie die Chance, den „Pfad der Erleuchtung" zu beschreiten und wirklich dazuzulernen. Geht es dann wieder voran und findet ein Wechsel in die Norming-Phase statt, so steigt die Produktivität sprunghaft und Sie erleben ein Performing-Team. So sind dann exzellente Projektergebnisse möglich.

Was ist so wichtig an dieser Kurve? Sie müssen wissen, dass dieser Verlauf und **das Tal der Tränen verbunden mit Konflikten und Streitereien normal sind – nur so kommen Sie und Ihr Team weiter.** Je erfahrener das Team ist, desto schneller wird das Tal überwunden. Es begegnet Ihnen aber auf jeden Fall in jedem Projekt – wenn auch mit unterschiedlicher Länge und Tiefe.

3.8 Konfliktmanagement

Unter Konfliktmanagement sind Maßnahmen zu verstehen, die eine Eskalation oder Ausbreitung eines bestehenden Konfliktes verhindern (vgl. Bohren-Meyer und Züger 2007).

▶   Konflikte sind in einem Projekt nicht nur negativ zu sehen, sondern sie sind
        auch das Katapult, um einen wirklichen Projektfortschritt zu erreichen.

Albert Einstein prägte einmal den Satz: „Ein Abend, an dem sich alle Anwesenden einig
sind, ist ein verlorener Abend." Oder nach Werner Heisenberg: „Die fruchtbarsten Entwicklungen haben sich überall dort ergeben, wo unterschiedliche Arten des Denkens auf-
einandertrafen."
      Die meisten Konflikte kann die **Projektgruppe selbst lösen** und sollte das auch. Es
gibt aber Konflikte, die sollten Sie **an Ihren Betreuer eskalieren**. Das hat nichts mit
petzen zu tun. Solch eine Eskalationsstufe gibt es in jeder Firma, z. B. werden dort je nach
Konfliktart Vorgesetzte, Mediatoren oder Gleichstellungsbeauftragte einbezogen.
      Die derzeit bekanntesten und umfassendsten Formen des Konfliktmanagements sind
die Mediation und das Harvard-Konzept. Viele Lösungsansätze sind von diesen Modellen
abgeleitet. Beide Konzepte werden in den folgenden Kapiteln vorgestellt.

3.8.1 Grundlegende Begrifflichkeiten

Zunächst sollten Sie ein paar grundlegende Begrifflichkeiten kennenlernen, um Konflikte
besser einordnen zu können (vgl. Glasl 2002):
      Die **persönliche Konfliktfähigkeit** (vgl. Stangl online 2013) ist entscheidend für den
Verlauf eines Konfliktes. Sie beschreibt die Fähigkeit, eine Auseinandersetzung aufzuneh-
men, konstruktiv zu bewältigen und nach Möglichkeit bereits im Vorfeld zu vermeiden.
Konflikte zu bewältigen heißt, eine angemessene Lösung zu suchen und eine Basis zu
schaffen, die gute Beziehungen, Toleranz, Offenheit und den Aufbau einer fairen Streit-
kultur fördert. Für Organisationen dagegen gilt es, **Konfliktfestigkeit** zu entwickeln, dies
geht jedoch nur mit wachsender Konfliktfähigkeit der Personen. Mit Organisation ist auch
Ihr Projektteam gemeint.
      Es kann unterschieden werden zwischen **substanziellen** und **affektiven** Konflikten.
Substanziellen Konflikten liegen Sachfragen zugrunde, die deutlich erkennbar sind, während es bei affektiven Konflikten um störende Eigenschaften oder Verhaltensweisen der
Konfliktparteien geht.
      Es wird weiter unterschieden zwischen einem **latenten** und einem **manifesten** Kon-
flikt. Ein manifester Konflikt äußert sich in einem Verhalten, das für die Gegenpartei be-
nachteiligende Wirkungen hat. Im Gegensatz dazu könnte von einem latenten Konflikt gesprochen werden, wenn in der Position und den Zielen der Konfliktparteien zwar Gegen-
sätze vorliegen, diese aber nicht zu feindseligem Verhalten geführt haben.
      Ein anderes Unterscheidungsmerkmal sind **heiße** und **kalte** Konflikte. Bei heißen
Konflikten begeistern sich die Streitenden für ihre Erreichungsziele und äußern das auch
verbal und durch Handlungen. Bei kalten Konflikten geht es um Verhinderungsziele, man
blockiert, reagiert nicht auf den anderen, schweigt und geht sich aus dem Weg.

Im Falle eines Machtgleichgewichtes der Parteien spricht man von **symmetrischen** Konflikten. Liegt eine Ungleichheit vor, handelt es sich um **asymmetrische Konflikte**. Konflikte unter den Studenten sind also symmetrisch, zwischen Studenten und Professoren sind sie asymmetrisch. Weiter werden unterschiedliche Reichweiten von Konflikten betrachtet, beispielsweise:

Friktion, Reibungskonflikt, Issue-Konflikt
Bei dieser Konfliktgruppe werden Sachdiskussionen hart geführt, aber man respektiert sich. Es bestehen **feste Positionsverhältnisse**. Der Projektleiter ist Projektleiter und niemand stellt das in Frage, auch wenn **sachlich Uneinigkeit** herrscht. Streitfragen stellen diese Positionen nicht grundsätzlich in Zweifel.

Positionskampf
Im Positionskampf wollen bestimmte Personen über bestimmte Angelegenheiten zu Rate gezogen werden und mitentscheiden. Es geht hierbei um eine **Ablehnung der Positionsverhältnisse** und das Streben nach deren Änderung. In Fällen vertikaler Abhängigkeit kann man nach mehr Delegation und partizipativer Führung streben, ohne zugleich die Positionen anderer Teammitglieder verändern zu wollen. Dieser Konflikt tritt im Projekt auf, wenn beispielsweise die Studenten nicht wirklich einverstanden sind mit der Position, die sie im Projekt einnehmen. Das bezieht sich nicht auf die Zuständigkeit/Sachaufgabe. Vielleicht besteht Sorge darüber, ob ihre Beteiligung ausreicht oder ob sie in Entscheidungen einbezogen werden.

3.8.2   Die neun Stufen der Konflikteskalation

Konflikte wachsen und entwickeln sich. Es ist gut, erkennen zu können, **wie weit der Konflikt fortgeschritten ist, um die richtigen Lösungsstrategien anzuwenden**. Der Fokus der Analyse liegt hierbei auf der Intensität des Konflikts und ist von Glasl in 9 Stufen beschrieben worden (vgl. Glasl 2002) und in Abb. 3.25 zu sehen sind:

- **Stufe 1 – Verhärtung:** Standpunkte verhärten zuweilen und prallen aufeinander, man beharrt auf seiner Meinung.
- **Stufe 2 – Debatte/Polemik:** Denken, Fühlen und Wollen werden polarisiert. Schwarz-Weiß-Denken ist die Folge, verbale Gewalt setzt ein mittels Polemik.
- **Stufe 3 – Taten:** Taten überwiegen jetzt. Die Streitenden senden verbal andere Botschaften als nonverbal. Fehlinterpretationen und Misstrauen herrschen vor.
- **Stufe 4 – Images/Koalitionen:** Imagekampagnen werden gestartet, Gerüchte gestreut. Es wird für Koalitionen geworben und Parteien werden gebildet.
- **Stufe 5 – Gesichtsverlust:** Öffentliche und direkte Angriffe, inszenierte Bloßstellungen finden satt. Die Konfliktparteien verbannen sich gegenseitig, grenzen sich aus.

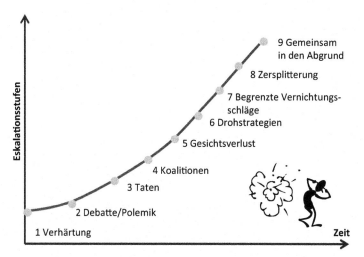

Abb. 3.25 Eskalationsstufen nach Glasl

- **Stufe 6 – Drohstrategien:** Drohungen und Gegendrohungen, Stolperdrähte werden gelegt. Der Stresslevel der Konfliktparteien sinkt nicht mehr.
- **Stufe 7 – Begrenzte Vernichtungsschläge:** Die Situation wird sehr belastend. Menschliche Werte werden in das Gegenteil verkehrt. Bereits relativ kleine Schäden des Gegners werden schon als Gewinn gewertet. Es stellt sich die Frage, wie viel Realitätsbewusstsein noch vorhanden ist.
- **Stufe 8 – Zersplitterung:** Der Gegner soll vernichtet werden. Dabei wird zu allen Mitteln gegriffen und substanzielle Angriffe finden statt, um dieses Ziel zu erreichen.
- **Stufe 9 – Gemeinsam in den Abgrund:** Wenn der Gegner nur um den Preis der eigenen Vernichtung vernichtet werden kann, so wird das in Kauf genommen.

Paradebeispiel für die Entwicklung eines Konflikts in allen Eskalationsstufen nach Glasl liefert der Film „Der Rosenkrieg" von Danny de Vito. Sie können die Stufen auch weniger dramatisch sehen, als sie beschrieben sind. So reichen die Stufen **von Meinungsverschiedenheiten (Stufe 1) bis zur Auflösung des Projektes (Stufe 9)**, mit der Folge, dass alle Studenten die Projektarbeit nicht bestehen. Das passiert aber wirklich sehr selten!

3.8.3 Lösungsstrategien

Die beschriebenen Stufen sind nach Glasls Kontingenzmodell (vgl. Glasl online 2013) mit verschiedenen Strategien anzugehen, um Konflikte zu deeskalieren und zu lösen. Das zeigt die Abb. 3.26.

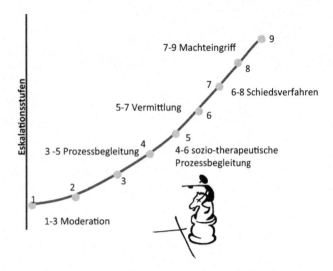

Abb. 3.26 Lösungsstrategien nach Glasl

▶ Die Stufen 1–3 treten gewöhnlich in Projekten an der Hochschule auf und lassen sich durch Moderation innerhalb des Teams gut lösen (Anwendung der Mediation oder des Harvard-Konzepts). Dabei wird immer Eigenleistung der Streitenden vorausgesetzt.

Je weiter der Konflikt über die Stufe 4 hinausgeht, desto weniger sind Sie fähig, brauchbare Lösungsvorschläge zu finden. Daher wird es hier nötig, externe Berater hinzuziehen, da laut Glasl die Selbstheilungskräfte der Konfliktparteien nicht ausreichen. Wenn der **Konflikt die Stufe 6** (Drohstrategien, begrenzte Vernichtungsschläge) erreicht, so muss eine höhere, mit Macht ausgestattete Instanz eingreifen, Lösungen auch gegen den Willen der Streitenden durchzusetzen und Sanktionen bei Missachtung zu verhängen. Das erfordert andere Verfahren (siehe die obige Abbildung) als die Mediation. Eskalieren Sie deshalb den Konflikt über Ihren Betreuer und wenden Sie sich mit seiner Hilfe an andere Stellen, z. B. die Studienberatung, den Psychologischen Dienst der Hochschule oder die Gleichstellungsbeauftragte. An dieser Stelle wird daher darauf verzichtet, diese Konfliktlösungsstrategien näher vorzustellen.

Lösungsmöglichkeiten von Konflikten nach Schwarz
Schwarz (vgl. Schwarz 2005) beschreibt sechs Möglichkeiten der Lösung von Konflikten, die in der Abb. 3.27 zu sehen sind. Flucht und Vernichtung sind extreme Lösungen, in deren Verlauf Studenten aus dem Projekt ausscheiden. **Konsens und Kompromiss stellen die höchsten Entwicklungsstufen der Konfliktlösungdar.** Auch wenn Sie sich geeinigt haben, so besteht immer noch die Gefahr, einen Rückfall zu erleiden. Sie sehen also, Ihre Erfahrung trügt Sie nicht: Konfliktlösung ist wahrlich nicht einfach!

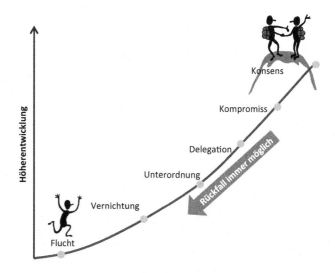

Abb. 3.27 Konfliktlösungsmöglichkeiten nach Schwarz 2005

3.8.4 Die Mediation

Mediation ist ein vertrauliches und strukturiertes Verfahren, bei dem Parteien mit Hilfe von Mediatoren freiwillig und eigenverantwortlich eine einvernehmliche Beilegung ihres Konflikts anstreben. Wie Sie schon im vorherigen Kapitel erfahren haben, ist die Bereitschaft der Mitarbeit der Streitenden die Voraussetzung dafür. Sie müssen miteinander sprechen wollen und **die Möglichkeit einer gemeinsam erarbeiteten Lösung sehen**. Die meisten Menschen brauchen in Konfliktsituationen Unterstützung durch eine neutrale dritte Person, die moderiert, ohne dabei selbst Vorschläge zu machen, Verurteilungen ausspricht oder Partei ergreift.

Die Abb. 3.28 zeigt den zeitlichen Ablauf einer Mediation. Zunächst wird der Rahmen festgelegt, in dem die Mediation stattfindet (Ort, Zeit, Beteiligte usw.). Dann nehmen der Mediator und die Parteien Themen und Sichtweisen auf. Anschließend spricht der Mediator getrennt mit den Konfliktparteien über die Positionen und Interessen. Gemeinsam wird danach nach kreativen Lösungen gesucht und eine Vereinbarung getroffen.

Wenn Sie eine professionelle Mediation benötigen, dann ist der Bundesverband der Mediatoren eine gute Ausgangsbasis:

- http://www.bmev.de
- http://www.mediation.de/

An vielen Universitäten und Hochschulen haben sich auch **Mediationsgruppen** gebildet. Hierbei können sich Studierende melden, sich ausbilden lassen und dann hilfreich auf dem Campus zur Verfügung stehen. Beispiel Universität Augsburg: http://www.imb-uni-augsburg.de/studium/mediatoren.

Abb. 3.28 Phasenmodell der
Mediation

Es gibt auch Zusatzqualifikationen zum Mediator, das hilft Ihnen dann später auch im Berufsleben weiter, wie zum Beispiel an der Universität Potsdam: http://www.uni-pots-dam.de/mediation/.

3.8.5 Das Harvard-Konzept

Das Harvard-Konzept (vgl. Fischer 2009) bzw. der Harvard-Ansatz ist die Methode des sachbezogenen Verhandelns. Es müssen dabei vier Bedingungen eingehalten werden:

- Behandeln Sie Menschen und ihre Interessen (die Sachfragen) getrennt voneinander.
- Konzentrieren Sie sich auf die Interessen der Beteiligten und nicht auf ihre Positionen.
- Entwickeln Sie Entscheidungsoptionen (Auswahlmöglichkeiten).
- Bestehen Sie auf objektive Beurteilungskriterien (gesetzliche Regelungen, ethische Normen etc.).

Das Ziel ist eine Übereinkunft, die folgenden Anforderungen genügt:

- Die guten Beziehungen der Parteien bleiben erhalten.
- Beide Seiten nehmen mit, was sie brauchen – oder, wenn sie beide das gleiche brauchen, teilen sie.
- Es wird zeiteffizient verhandelt (da nicht auf Positionen herumgeritten wird).

Beispiel: Der Klassiker, um das Prinzip aufzuzeigen – der Orangenstreit

Claudia, die Mutter zweier Kinder, hat noch eine einzige Orange in der Früchteschale. Da kommen beide Kinder gerannt. Beide rufen: „Ich will die Orange unbedingt haben!" Was tun? Soll Claudia die Frucht zerschneiden? Soll sie eine Münze werfen? Oder soll sie Jörn und Wiebke um die Orange kämpfen lassen? Intuitiv macht die Mutter das Richtige und fragt: „Warum wollt ihr die Orange unbedingt haben?"

Wiebke will einen Kuchen backen und braucht dazu nur die Schale. Jörn hat Durst und möchte nur den frisch gepressten Orangensaft trinken. Die Orange ohne Schale genügt ihm. Nach der Klärung der Bedürfnisse ist die Lösung plötzlich einfach und die beiden unterschiedlichen Interessen lassen sich berücksichtigen, indem Wiebke die Schale und Jörn die geschälte Orange bekommt. Beim schnellen Kompromiss mit zwei halben Orangen hätten zwei unzufriedene Kinder die Küche verlassen. (Vgl. Knill online 2015)

Natürlich ist das Beispiel sehr plakativ, hat aber einen wahren Kern. Vielleicht ist Ihnen selbst schon einmal Ähnliches begegnet.

3.9 Motivation verstehen

Eines der **Hauptrisiken** bei der Projektarbeit sind **zu wenig Motivation und Engagement** der Studierenden, wie im Kapitel über Risiken beschrieben wurde. Wollen Sie daran etwas ändern, so sollten Sie verstanden haben, wie Motivation funktioniert. Es geht dabei um die Frage, was einen antreibt (Motiv) und wie man diesen Antrieb nutzen kann, um Ziele zu erfüllen. Es ist aber auch wichtig zu verstehen, wodurch Motivation zerstört wird. Grundsätzlich sind wir nämlich motiviert, gerade bei neuen Aufgaben.

Wann immer eine Aufgabe zu bearbeiten ist, so ist die erste Frage nach dem **Wissen**, was zu tun ist, danach folgt das **Können**. Jetzt kommt die Motivation ins Spiel: **Will ich das** oder **muss ich das** tun? Prima, wenn es hier kein Problem gibt. Als nächstes müssen Sie sich auch **trauen**, den Plan in die Tat umzusetzen. Und schon kommt die nächste Hürde: **Darf ich das** tun? Letztlich resultiert es in **Handeln** oder eben auch **nicht**. Es ist also ganz leicht zu sehen, an welchen Stellen Motivation gebrochen werden kann und zu Frustrationen und Konflikten führt. Abbildung 3.29 stellt dies dar.

Abb. 3.29 Motivation und Konfliktpotenzial

3.9.1 Was ist eigentlich Motivation?

Motivation ist das Produkt aus Motiv und Anreiz. Daher braucht es bei geringem Eigenantrieb einen großen externen Anreiz um ein Ziel zu erreichen (vgl. Lexikon Stangl online 2015b). Es gibt zwei Komponenten:

- die **aktivierende Komponente**: Triebe, die das Verhalten, ausgelöst durch Störung des biologischen Gleichgewichts, aktivieren und lenken und
- die **kognitive Komponente**: den bewussten oder willentlichen Prozess der Zielsetzung, der Wahrnehmung und Interpretation von Handlungsalternativen, d. h. ein bewusstes Anstreben von Zielen.

Erinnern Sie sich noch an die Bedürfnispyramide von Maslow aus Ihrer Schulzeit? Schauen Sie auf Abb. 3.30. An der Spitze stehen Selbstverwirklichung und Weltverständnis. Diese zwei Bedürfnisse werden im Studium von den Hochschulen angesprochen. Im Studium sollen die eigenen Möglichkeiten erkundet und erweitert werden und jeder, der zu studieren anfängt, verfolgt dabei einen Zweck – mindestens bessere Berufsaussichten durch den Studienabschluss. Die höchste Bedürfnisstufe – das Streben nach Erkenntnis – ist der Kernzweck jedweder Forschung.

Haben Sie sich schon einmal gefragt, warum am Anfang des Studiums Einsteigertage oder Ähnliches stattfinden? Das resultiert aus der Erkenntnis der Hochschulen, dass ohne die Befriedigung der Bedürfnisse nach Sicherheit, Kontakt und Wertschätzung die zwei oberen nicht angesprochen werden können.

Abb. 3.30 Maslows Bedürfnispyramide

> **Beispiel: Bedürfnisse am Studienanfang**
>
> Zum Studienbeginn sind Sie ausgezogen von zu Hause, vielleicht in eine neue Stadt? Mal ehrlich, was ist zunächst wirklich wichtig:
> * Wo gibt es den nächsten Supermarkt? → Physiologische Bedürfnisse
> * Wo wohne ich, wie komme ich von A nach B? → Sicherheit
> * Wen kenne ich/wen kann ich kennenlernen? → Kontakt, Zugehörigkeit
> * Was ist mein neuer Status als Student, was kann ich? → Achtung

Nach McClelland (vgl. McClelland 1987) gibt es **drei Grundmotive** mit besonders großem Einfluss auf unser Verhalten: **Zugehörigkeit, Macht und Leistung.** Anreize aus diesen Bereichen sind daher sehr effektiv, um die Motivation zu fördern.

Motive, Wünsche, Hoffnungen	Ängste, Befürchtungen
Zugehörigkeit → Beitrag beachten, integrieren	Wertlosigkeit
Macht → in Entscheidungen einbinden	Ohnmacht
Leistung → Leistungen anerkennen	Versagen

Unter **Zugehörigkeit** ist hier auch der Wunsch nach Sicherheit, Zuwendung, Geborgenheit und Freundschaft zu verstehen. Daher sollten Sie alle Beiträge im Projekt beachten und alle Personen in die Gruppe integrieren. Der eigene Beitrag wird sonst schnell als wertlos empfunden. **Macht** steht für Kontrolle, Einfluss und Bedeutung. Daher sollten Sie alle im Projekt in Entscheidungen einbeziehen, um niemanden zu missachten oder als unwichtig auszugrenzen, was zu Ohnmacht führt und damit zum Stillstand jeglicher Beteiligung. **Leistung** ist Erfolg, Fortschritt, aber auch Kreativität und Neugier. Leistung braucht Anerkennung, damit nicht das Gefühl des Versagens, der Nutzlosigkeit (Ich kann tun, was ich will – ist doch eh egal) oder der Erniedrigung entsteht.

Ein sehr lustiges Video zu diesem Thema ist im Internet zu finden (10 min): Was uns wirklich motiviert. Hier werden nochmals die Zusammenhänge und Ansätze erklärt und auch, wie sinnlos eigentlich die klassische Motivation in Unternehmen über Bonuszahlungen ist:

http://www.projectwizards.net/de/macpm/projektmanagement/besseres-projektmanagement-was-uns-wirklich-motiviert

3.9.2 Fokus-Energie-Matrix

Eine Gefahr für produktives Arbeiten ist das **Verzetteln** in tausend Kleinigkeiten, seien sie nun im Projekt oder im ganz normalen Alltag. Es gibt ganz unterschiedliche Arten zu arbeiten.

▶   Richtig erfolgreich sind Sie in der zielgerichteten Arbeitsweise: Hoher Ein-
     satz und hohe Konzentration auf Prioritäten! Es ist dann auch vollkommen in
     Ordnung, bestimmte Dinge nicht zu tun oder auf einen anderen Zeitpunkt zu
     verschieben. Also: Verwenden Sie keine Energie für das schlechte Gewissen,
     sondern entscheiden Sie sich für die Dinge, die Sie tun wollen!

Studien zeigen, dass erfolgreiche Unternehmer (vgl. Grill 2008) Folgendes gemeinsam
haben:

- Sie wissen, was sie wollen.
- Sie geben dem Tun einen Sinn.
- Sie gewinnen Vertrauen.
- Sie haben ein positives Selbstwertgefühl und Achtung vor anderen.

Nichts anderes gilt auch beim eigenen Unternehmen: dem Projekt im Studium. Abbildung 3.31 zeigt die Fokus-Energie-Matrix, die Ihnen dabei hilft zu erkennen, mit welcher
Haltung Sie Ihrem „Unternehmen" gegenüber stehen.

Woran erkennen Sie, wo Sie stehen?
Wenn Ihnen der Fokus fehlt, Sie also nicht so genau wissen, **was** Sie tun sollen oder **wofür**
Sie etwas tun sollen und Sie gleichzeitig wenig Einsatz bringen, so sind Sie **zaudernd.** Es
geht wirklich gar nichts voran. Erst wenn Sie die Fragen nach dem Inhalt und nach dem
Sinn Ihres Tuns beantwortet haben, wird es sich ändern. Sind Sie sich dagegen sicher, was
zu tun ist, fehlt Ihnen aber der Elan, es anzufassen, so sind Sie **passiv.** Warten Sie vielleicht noch auf Aktivitäten Ihrer Mitstudenten? Ihnen fehlen entweder **der Sinn im Tun**
oder das positive **Selbstwertgefühl** und die Achtung vor den anderen.

   Meist kurz vor einem Meilenstein setzt **Hyperaktivität** ein, alles soll gleichzeitig fertig
werden und weil Sie vieles anfangen, wird nichts fertig – außer Ihnen selbst. Das ist eine
sehr ineffiziente Arbeitsweise. Außenstehende empfinden Sie als Hektiker, manche Professoren schätzen diese Studenten auch ganz banal als **inkompetent** ein.

Abb. 3.31 Fokus-Energie-
Matrix

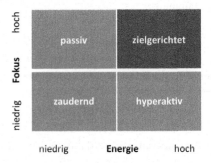

Geht es gut voran und Sie arbeiten mit vollem Einsatz an einigen wenigen Punkten, so sind Sie **zielgerichtet** und mit Fokus am Arbeiten – so ist es ideal.

▶   Im Internet gibt es von der Uni Hagen einen Test, um die eigene Willenskraft für die Arbeit im Studium zu beurteilen: http://ksw-ifbm.fernuni-hagen.de/mediendidaktik/fragebogen/

3.9.3   Werte-Typen

Auch **unterschiedliche Werte** können der Grund dafür sein, dass Teammitglieder mit **unterschiedlichem Energieeinsatz** agieren. Abbildung 3.32 zeigt vier Typen. Je nachdem, wie ausgeprägt die Selbstverwirklichung und die Akzeptanz in der Gruppe sind, lassen sie sich einordnen.

Konflikte entstehen, wenn jemand etwas tun will, aber nicht darf. Geschieht dies immer wieder, entwickelt der Betroffene eine Perspektivlosigkeit bis hin zu **Resignation**. Die Folge sind wenig Selbstverwirklichung (Sinn des Daseins) und fehlende Akzeptanz in der Gruppe (Zutrauen).

Hingegen ist ein Teammitglied, das sich gerne einbringt (aktive Rolle) und vom Team gut akzeptiert ist, zufrieden und kann als **aktiver Realist** bezeichnet werden.

Non-Konformisten dagegen setzen sich zwar auch ein, sind aber aus Prinzip immer gegen alles. Sie können ein Team voranbringen, weil sie nicht den Konventionen folgen, sind aber nicht leicht zu handhaben und sorgen für Unruhe, weil die Akzeptanz fehlt.

Den Typen, die eine hohe Akzeptanz haben – entweder aufgrund ihrer Stellung (wie ein Polizist, Arzt, Richter, **Beamter** usw.) oder ihres Rufs (z. B. Top-Experte) –, aber sich letztlich dabei nicht persönlich einbringen, fehlt die Selbstverwirklichung in der Aufgabe. Sie weisen häufig auf Formalien und Richtlinien hin und werden von den anderen oft als schwerfällig erlebt.

Abb. 3.32 Werte-Typen

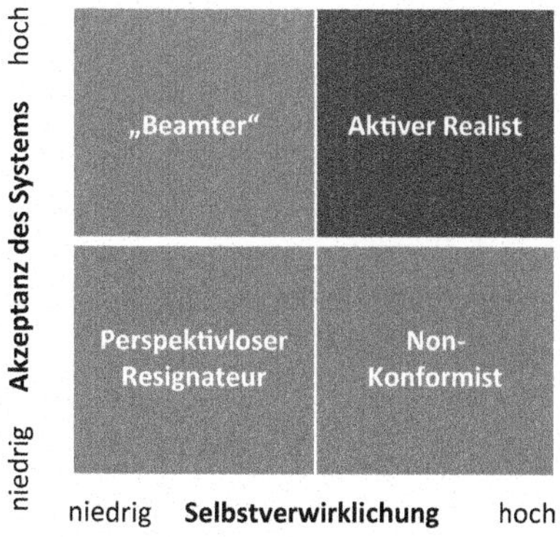

		Selbstverwirklichung	
hoch	„Beamter"	Aktiver Realist	
Akzeptanz des Systems	Perspektivloser Resignateur	Non-Konformist	
niedrig	niedrig	Selbstverwirklichung	hoch

3.9.4   Volition – Willenskraft

Ohne Willenskraft bleiben die meisten Motive Wunschträume, oder frei nach Oskar Wilde: **Die Basis des Charakters ist die Willenskraft.**

Es ist immer die Frage, was Sie antreibt und wie Sie diesen Antrieb nutzen können, um Ihre Ziele zu erfüllen. In der Psychologie wird unterschieden zwischen **impliziten Motiven** (Was mache ich gerne, was gefällt mir, was erfüllt mich?) und **expliziten Motiven** (Was will ich wirklich, was ist mir wichtig?). Den Motiven gegenüber stehen die **subjektiven Fähigkeiten,** die jeder Mensch hat, hier also die Frage: Was sind meine Fähigkeiten, Erfahrungen und Kenntnisse?

Professor Dr. Hugo M. Kehr von der Universität in München hat hierzu Untersuchungen durchgeführt in Bezug auf das Berufsleben (vgl. Kehr 2004). In Abb. 3.33 ist der Zusammenhang seines Kompensationsmodells dargestellt.

Interessant sind die entstehenden Schnittmengen mit den drei Reaktionen: Realisierung von Absichten mit Willenskraft, Flow-Erlebnis und Problemlösung bei einem Defizit von subjektiven Fähigkeiten.

- Stimmen die Fähigkeiten mit den impliziten oder den expliziten Motiven einer Person überein, so braucht sie **zusätzlich ihre Willenskraft**, um die Aufgabe zu erledigen (das ist die sog. volitionale Regulation). Dabei können sich implizite und explizite Motive auch gegenseitig kompensieren.

Abb. 3.33 Kompensationsmodell nach Kehr

- Stimmen hingegen alle drei Faktoren (implizite und explizite Motive sowie Fähigkeiten) überein, ist ein **Flow-Erlebnis** möglich.
- Decken sich implizite und explizite Motive, aber die nötigen Fähigkeiten fehlen, dann wird eine **Problemlösung** notwendig, d. h. die Fähigkeiten müssen erworben (oder sich zugetraut) werden. Das Ziel ist sonst nicht erreichbar. Es ist leichter, seine Kenntnisse zu erweitern, als innere Motive zu verändern.

Beispiel: Explizites Motiv kompensiert fehlendes implizites Motiv

Ihre Eltern haben ihren Besuch im Studentenwohnheim angekündigt. Ihr Zimmer schaut wieder einmal furchtbar aus. Zimmer aufräumen – das machen Sie nicht gerne und es ist auch nicht erfüllend für Sie. Implizit sieht es also ganz schlecht aus mit Ihrer Motivation für diese Aufgabe. Aber Sie wollen sich gut präsentieren und zeigen, dass Sie Ihr eigenständiges Leben gut im Griff haben. Sie können also das mangelnde implizite Motiv mit einem expliziten kompensieren, weil das Ziel eines aufgeräumten Zimmers einem höheren Ziel dient, nämlich dem, was Sie wirklich wollen – vor Ihren Eltern zu bestehen. Dieses Ziel gibt Ihnen die Willenskraft, den Müll zu entsorgen und Ihr Zimmer auf Vordermann zu bringen.

Gefühle, Gedanken, Wissen und Handlung können durch Willenskraft gesteuert werden Ziel annehmen, einen Plan entwickeln, sich für Aktivität entscheiden, aktiv werden und ein Ergebnis erzeugen. Siehe hierzu Abb. 3.34. Prof. Dr. Waldemar Pelz von der Technischen Hochschule Mittelhessen hat hierzu ein Forschungsprojekt und stellt aktuelle Erkenntnissen auf seine Institutsseite http//www.willenskraft.net/.

Um diese Steuerung zu erreichen, sind einige **Kompetenzen** notwendig. Je ausgeprägter sie vorhanden sind, desto stärker ist die Willenskraft:

Abb. 3.34 Darstellung der volitionalen Regulation

- Aufmerksamkeitssteuerung und Konzentration auf das Wesentliche, wie es im vorherigen Kapitel (Fokus-Energie-Matrix) beschrieben ist.
- Management von Emotionen und Stimmungen
- Selbstvertrauen und Durchsetzungsvermögen
- Vorausschauende Planung und kreative Problemlösung
- Zielbezogene Selbstdisziplin durch tieferen Sinn in der Aufgabe

3.9.5 Das Flow-Erlebnis

Das Optimum, das in der Motivation zu erreichen ist, ist das Flow-Erlebnis. Dr. Mihály Csíkszentmihályi (vgl. Csíkszentmihályi 2000) von der Universität in Chicago legte 1975 die folgenden typischen Kennzeichen für den Flow fest:

- Das Verhältnis zwischen Anforderung und Fähigkeiten ist ausgewogen. Das Flow-Erleben stellt sich ein, wenn sich ein Mensch bei der Ausführung einer Aufgabe **weder über- noch unterfordert** fühlt. Siehe hierzu Abb. 3.35.
- Durch das Ausführen der Aufgabe kann ein vorher **gesetztes Ziel erreicht** werden.
- **Vollkommene Konzentration** auf die Aktivität und das Gefühl, die Kontrolle über die Situation oder Aktion zu haben. Die Rückmeldung, ob die Aufgabe richtig ausgeführt wird, erfolgt sofort.
- Das **subjektive Zeitgefühl** verändert sich, die Zeit „verfliegt" scheinbar. Manchmal werden auch körperliche Bedürfnisse wie Hunger oder Müdigkeit einfach nicht wahrgenommen.
- Die Ausführung der Aktion erfolgt nahezu mühelos und sorgt für ein intrinsisches, also aus dem Inneren heraus entstehendes Glücksgefühl. **Die Ausführung der Aufgabe ist Belohnung genug.**

Abb. 3.35 Erklärung des
Flow-Erlebnisses

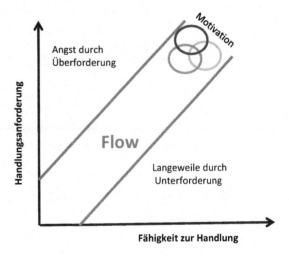

Das Flow-Erleben (vgl. Lexikon Stangl online 2015a) kann sich bei nahezu allen Tätigkeiten einstellen, die uns in ihren Bann ziehen, beispielsweise beim Sport oder Musizieren, beim Lernen, Arbeiten oder Forschen.

▶ Auch wenn sich das Flow-Erleben nicht erzwingen lässt, so können Sie doch günstige Voraussetzungen dafür schaffen. Denn je mehr Flow-Erlebnisse wir haben, umso wohltuender wirkt sich das auf unsere Psyche und allgemeine Zufriedenheit aus.

3.9.6 Zielkonflikte

Einen wesentlichen Einfluss auf die Motivation stellen Zielkonflikte dar (vgl. Navon und Miller 1987). Ganz klassisch für Studierende in der Projektarbeit ist die Entscheidungssituation: **Aufgaben für das Projekt bearbeiten oder für eine andere Prüfung lernen?** Zielkonflikte kosten auf jeden Fall viel Energie und können zu Demotivation führen. Manche Zielkonflikte lassen sich durch bessere Planung vermeiden, wenn beispielsweise Rahmenbedingen im Studium bei der Projektplanung berücksichtigt werden (Prüfungen, Abgabetermine für Ausarbeitungen etc.).
 Negative Konsequenzen von Zielkonflikten sind:

- Sie hemmen die Zielerreichung.
- Sie sind eine Stressquelle.
- Sie vermindern die Motivation und
- vermindern das persönliche Wohlbefinden und die Lebenszufriedenheit.

Positive Nebeneffekte von Zielkonflikten sind:

- Sie können als herausfordernd empfunden werden und
- zu einer Neuorientierung/Re-Priorisierung und kreativen Lösungen führen.
- Sie sind Puffer gegen Misserfolge.

Zielkonflikte können Sie nicht immer lösen (vgl. Jungermann 2005). Erstes Mittel ist es, sie anzusprechen, damit im Team die Situation bekannt ist und nicht zum Konflikt eskaliert. Sie können die Instrumente aus dem Kapitel „Entscheidungen treffen" verwenden, beispielsweise die Entscheidungsmatrix. Sie können aber auch eine **Zielvergleichsmatrix** anwenden. Sie schreiben dabei die gegenseitige Beeinflussung Ihrer Ziele auf und suchen so „das geringste Übel", um zu einer Entscheidung zu kommen (Tab. 3.3).
 In einer Matrix werden alle Ziele eingetragen. An den Schnittpunkten (Vergleichszelle) der Ziele wird jeweils die Frage gestellt, ob das Zeilenziel ein Spaltenziel negativ beeinflusst (N), positiv unterstützt (P) oder ob es sich um eine neutrale Beziehung beider Ziele handelt (O). In die jeweilige Vergleichszelle der Matrix wird die betreffende Bezeichnung

Tab. 3.3 Zielvergleichsmatrix

Vergleich						Summen	
Teilziele	Teilziel 1	Teilziel 2	Teilziel 3	Teilziel 4	Teilziel 5	Negativ	Positiv
Teilziel 1		N	O	N	O	2	0
Teilziel 2	P		P	P	N	1	3
Teilziel 3	O	N		O	N	2	0
Teilziel 4	P	N	O		P	1	2
Teilziel 5	O	P	P	N		1	2

N, P oder O eingetragen. Durch die zeilenweise Summierung der drei Bezeichnungen können positiv (P) oder negativ (N) herausragende Ziele herausgefunden werden. Das obige Beispiel zeigt die Ermittlung solcher positiver bzw. negativer Ziele eines Zielsystems. Teilziele 1 und 3 sind kritische Ziele, da sie die größte Anzahl negativer Zielbeziehungen aufweisen. Das Teilziel 2 ist ein wichtiges positives Ziel, da es drei andere Teilziele unterstützt.

3.10   Umgang mit Kontaktpersonen außerhalb der Hochschule

Wenn externe Partner an Ihrem Projekt beteiligt sind, so sollten Sie sich am Anfang informieren, ob bestimmte **Regularien** einzuhalten sind. Beispielsweise sind **Geheimhaltung** oder Interessenwahrungserklärungen nicht unüblich, **Rechte** am entwickelten Produkt sind zu klären und auch **finanzielle** Vereinbarungen zu treffen (z. B. Sponsoring). Das sind Themen, die Sie nicht alleine klären können, sondern Sie müssen sich dafür an die Hochschule wenden.

In einem externen Projekt repräsentieren die Studenten ihre Hochschule, es ist also auf einen angemessenen Umgang zu achten, in der Kommunikation und bei persönlichen Treffen. Das klingt banal, aber manchmal ist man sich dessen nicht bewusst. Gehen Sie mit den externen Partnern um wie mit einem realen Geschäftspartner.

Beispiel: Vergesslicher Student

Ein Student brauchte eine Kontaktperson, um die aufgestellte Hypothese zu verifizieren. Die Betreuerin vermittelte daraufhin einen Kontakt zu einem Experten aus der Industrie, mit dem der Student zeitnah einen Telefontermin vereinbarte. Leider vergaß der Student dann, zum vereinbarten Termin anzurufen. Als es ihm drei Tage später wieder einfiel, war es ihm peinlich und er meldete sich nicht wieder. Als er zwei Wochen später von seiner Betreuerin angesprochen wurde, wie denn das Telefonat war, gab er zu, nicht angerufen zu haben, und obwohl ihm die Information wichtig war, wollte er keinen weiteren Kontakt aufnehmen. Die Betreuerin bat den Studenten, sich beim Experten zu entschuldigen, wenigstens via E-Mail, was er nicht tat. Das ist zwar für den Studenten eine Lösung aus einer für ihn akuten peinlichen Situation, fachlich und persönlich hat es ihn aber nicht weitergebracht. Falls später der Kontakt nochmals genutzt werden soll, ist das eine ungünstige Ausgangslage für die Betreuerin und die Hochschule. Die Betreuerin nimmt deshalb selbst Kontakt auf zum Experten, entschuldigt sich und erklärt, was passiert ist.

Also: Denken Sie in solchen Situationen nicht nur an sich selbst, sondern auch an Ihr Umfeld – das müssen Sie später im Berufsleben ebenso.

3.10.1 Geheimhaltungserklärungen

Fragen Sie nach, ob es an Ihrer Hochschule Muster für die Geheimhaltungserklärung gibt – diese sind dann auf jeden Fall zu verwenden. Ein Beispiel von der Universität München, das Ihnen als Orientierung dienen kann:

http://www.uni-Muenchen.de/einrichtungen/zuv/uebersicht/dez_i/ref_i6/aufgaben/geheimhaltung/index.html

Halten Sie sich ausdrücklich an die Verfahrensweise Ihrer Hochschule! **Fragen Sie Ihren Betreuer: Er ist hier in der Pflicht**, das Thema mit den externen Partnern zu klären. Unterschreiben Sie auch keine Erklärung, ohne vorher mit der Hochschule gesprochen zu haben. Für manche Hochschulen gilt: Generell geben die Hochschule und ihre Professoren keine Geheimhaltungserklärungen gegenüber Firmen ab. Zusätzliche Geheimhaltungsverträge oder Erklärungen sind über die Rechtsabteilung der Hochschule abzuklären.

3.10.2 Finanzielle Unterstützung: Spenden und Sponsoring

Finanzielle Unterstützung kann unterschiedliche Ausprägungen haben, es muss dabei nicht immer Geld fließen:

- Materialien, z. B. Bauteile
- Equipment, z. B. Messgeräte, Software
- Reisekosten, z. B. für Besichtigungen
- Übernahme von anderen Kosten wie Anzeigen, Umfragen
- Kosten für Lizenzen
- Sach- und Geldpreise für die Projektmitglieder
- Sach- oder Geldpreise für das beste Projekt auf der Projektmesse
- Bewirtung, z. B. auf der Abschlussparty

Firmen können diese Kosten als Betriebsausgaben absetzen. Dabei ist zwischen Spende und Sponsoring zu unterscheiden. Rechtlich ist die **Spende** eine Schenkung, deren Merkmale § 516 Abs. 1 BGB (vgl. Gesetze online 2015b) erfüllen. Eine Spende für ein Hochschulprojekt setzt voraus, dass sie der Förderung wissenschaftlicher oder als besonders förderungswürdig anerkannter gemeinnütziger Zwecke dient und mit keiner Gegenleistung verbunden ist. Der Abzug der Spenden ist möglich, da die Hochschule oder Universität eine öffentliche Dienststelle ist. Die Hochschule stellt dem Unternehmen eine Zuwendungsbescheinigung aus (ehemals Spendenquittung). Eine Spende kann allgemein an die Einrichtung gehen oder auch zweckgebunden für Ihr Projekt, dann darf es auch nur dafür verwendet werden – es gilt also, die Rechnungen an die Hochschule weiterzugeben und Ihr Budget aufzubrauchen!

Unter **Sponsoring** dagegen fallen Betriebsausgaben, mit denen der Sponsor wirtschaftliche Vorteile für sein Unternehmen erstrebt und sei es auch nur die Steigerung seines Bekanntheitsgrades. Bei einem krassen Missverhältnis zwischen den Leistungen des Sponsors und dem von ihm angestrebten wirtschaftlichen Vorteil ist der Betriebsausgabenabzug allerdings zu versagen (§ 4 Abs. 5 S. 1 Nr. 7 EStG) (vgl. Gesetze online 2015a), was im Normalfall beim Volumen des Sponsoring für ein Projekt im Verhältnis zur sonstigen betrieblichen Situation nicht auftritt.

Sponsoring und Spenden sind eine gute Möglichkeit, finanzielle Unterstützung für Projekte zu bekommen. Neben der **Entwicklung von Produkten** können auch **Untersuchungen, Analysen, Recherchen oder Bewertungen** verschiedenster Themenstellungen für Unternehmen von Interesse sein. Die Projektgruppe agiert dabei als „Beratungsunternehmen". Sie muss nur das richtige Unternehmen für ihr Projekt finden bzw. es werden auch Vorschläge für ein Projekt von Firmen an die Hochschule herangetragen. Sie können dann bedenkenlos fragen, ob auch eine finanzielle Unterstützung möglich ist. Trauen Sie sich!

Es gibt Hochschulen, an denen es etabliert ist, Projekte in Zusammenarbeit mit der Wirtschaft durchzuführen, an anderen wird es kaum oder auch ungern gemacht. Sprechen Sie Ihren Betreuer einfach darauf an, vielleicht gibt es an Ihrer Hochschule schon feste Regelungen dafür oder Ihr Betreuer hat darüber noch gar nicht nachgedacht. Hier zwei Link zu Regelungen an den Universitäten in Halle und Erlangen, die Ihnen als Orientierung dienen können:

- http://www.verwaltung.uni-halle.de/DEZERN1/PRESSE/Vm/Downloads/Spronsoring-Konzept.pdf
- https://www.zuv.fau.de/universitaet/organisation/verwaltung/zuv/verwaltungshandbuch/spenden/

Literatur

Arnsten, A. (2012). Biologie des Black Outs. *Spektrum der Wissenschaft, 12,* 44–57.

Bertelsmann Stiftung. http://www.bertelsmann-stiftung.de/cps/rde/xbcr/bst/SWOT-Analyse.pdf. Zugegriffen: 5. Sept. 2015.

Blawat, K. (2010). Auf den letzten Drücker. *Süddeutsche Zeitung,* 17.05.2010. http://www.sueddeutsche.de/wissen/arbeitspsychologie-auf-den-letzten-druecker-1.572698. Zugegriffen: 5. Sept. 2015.

Bohren-Meyer, C., & Züger, R.-M. (2007). *Konfliktbewältigung im Team. Leadership-Basiskompetenz.* Zürich: Compendio Bildungsmedien.

Bundesverband der Mediatoren. http://www.bmev.de. Zugegriffen: 23. Feb. 2013.

Csíkszentmihályi, M. (2000). *Das Flow-Erlebnis. Jenseits von Angst und Langeweile im Tun aufgehen.* Stuttgart: Klett-Cotta.

De Bono, E. (2004). *Bewerten, beurteilen, entscheiden.* München: Redline.

Doodle. http://www.doodle.com/. Zugegriffen: 5. Sept. 2015.

Dropbox. http://www.dropbox.com/. Zugegriffen: 5. Sept. 2015.

Ferrari, J. an der Universität. http://condor.depaul.edu/jferrari/. Zugegriffen: 5. Sept. 2015.

Fiedler, R. (2005). *Controlling von Projekten. Projektplanung, Projektsteuerung, Projektkontrolle.* Wiesbaden: Vieweg & Teubner.

Fischer, R., et al. (2009). *Das Harvard-Konzept: Der Klassiker der Verhandlungstechnik.* Frankfurt a. M.: Campus.

Freie Universität Berlin. Psychologische Beratung. http://www.fu-berlin.de/sites/studienberatung/psychologische_beratung/index.html. Zugegriffen: 5. Sept. 2015.

Gabler Wirtschaftslexikon Online. http://wirtschaftslexikon.gabler.de/Definition/nutzwertanalyse.html. Zugegriffen: 5. Sept. 2015a.

Gabler Wirtschaftslexikon Online. http://wirtschaftslexikon.gabler.de/Definition/sensitivitaetsanalyse.html. Zugegriffen: 5. Sept. 2015b.

Gesetze online. http://www.gesetze-im-internet.de/estg/__4.html. Zugegriffen: 5. Sept. 2015a.

Gesetze online. http://www.gesetze-im-internet.de/bgb/__516.html. Zugegriffen: 5. Sept. 2015b.

Glasl, F. (2002). *Konfliktmanagement: Ein Handbuch für Führungskräfte, Beraterinnen und Berater.* Stuttgart: Freies Geistesleben.

Glasl, F. Das Kontingenz-Modell. http://www.trigon.at/mediathek/pdf/downloads/07_konfliktmanagement/Kontingenzmodell_FG_pm.pdf. Zugegriffen: 23. Feb. 2013.

Google Drive. https://www.google.com/intl/de_de/drive/. Zugegriffen: 5. Sept. 2015.

GPM Studie. (2008). Erfolg und Scheitern im Projekt. http://www.gpm-ipma.de/know_how/studienergebnisse/pm_studie_2008_erfolg_und_scheitern_im_pm.html. Zugegriffen: 5. Sept. 2015.

Grill, J. (2008). *Die strategische Bedeutung des Human Capital und seine Bewertung* (S. 350 ff.). Bern: Peter Lang.

Häder, M. (2002). *Delphi-Befragungen. Ein Arbeitsbuch.* Wiesbaden: VS Verlag für Sozialwissenschaften.

Hersey, P. H., et al. (1982). *Management of organizational behavior: Leading human resources.* New York: Prentice Hall.

Hochschule Augsburg. https://www.hs-augsburg.de/fakultaet/informatik/person/lehrbeauftragter/stoehler_claudia/index.html. Zugegriffen: 5. Sept. 2015.

Jungermann, H., et al. (2005). *Die Psychologie der Entscheidung: Eine Einführung.* Wiesbaden: Spektrum Akademischer Verlag.

Kehr, H. M. (2004) Integrating implicit motives, explicit motives, and perceived abilities: The compensatory model of work motivation and volition. *Academy of Management Review, 29,* 479–499.

Knill, M. Das „Harvard"-Verhandlungsprinzip. http://www.rhetorik.ch/Harvardkonzept/Harvardkonzept.html. Zugegriffen: 5. Sept. 2015.

Kratz, H.-J. (2005). *30 Minuten für richtiges Feedback.* Offenbach: GABAL.

Lexikon Stangl. Flow. http://lexikon.stangl.eu/303/flow/. Zugegriffen: 5. Sept. 2015a.

Lexikon Stangl. Motivation. http://lexikon.stangl.eu/337/motivation/. Zugegriffen: 5. Sept. 2015b.

Luft, J. (1971). *Einführung in die Gruppendynamik.* Stuttgart: Klett.

McClelland, D. C. (1987). *Human motivation.* Cambridge: Cambridge University Press.

Mediation. http://www.mediation.de/. Zugegriffen: 23. Feb. 2013.

Microsoft. http://office.microsoft.com/de-de/templates/results.aspx?ctags=CT010117260&tl=2. Zugegriffen: 5. Sept. 2015.

Navon, D., & Miller, J. (1987). Role or outcome conflict in dual-task interference. *Journal of Experimental Psychology. Human perception and Performance, 13*(3), 435–448.

Onedrive. https://onedrive.live.com. Zugegriffen: 5. Sept. 2015.

Pelz, W. Technische Hochschule Mittelhessen. Willenskraft (Volition) – die Umsetzungskompetenz: Wie man Berge versetzt!. http://www.willenskraft.net/. Zugegriffen: 5. Sept. 2015.

PM Freeware. http://www.projektmanagement-freeware.de/. Zugegriffen: 5. Sept. 2015.

Schneck, O. (2010). *Risikomanagement: Grundlagen, Instrumente, Fallbeispiele.* Weinheim: Wiley.

Schulz von Thun, F. (1981). *Miteinander reden: Störungen und Klärungen. Psychologie der zwischenmenschlichen Kommunikation.* Reinbek: Rowohlt.

Schulz von Thun, F. http://www.schulz-von-thun.de/. Zugegriffen: 5. Sept. 2015.

Schwarz, G. (2005). *Konfliktmanagement. Konflikte erkennen, analysieren, lösen.* Wiesbaden: Gabler.

Simon, H., & von der Gathen, A. (2002). *Das große Handbuch der Strategieinstrumente.* Frankfurt a. M.: Campus.

Skype. http://www.skype.com/intl/de/home/. Zugegriffen: 5. Sept. 2015.

Spitzer, M. (2003). *Selbstbestimmen. Gehirnforschung und die Frage: Was sollen wir tun?* Wiesbaden: Spektrum Akademischer Verlag.

Spitzer, M. Geist und Gehirn, BR alpha. http://www.youtube.com/watch?v=mVQ0tB2GygY. Zugegriffen: 5. Sept. 2015.

Stangl, Werner Arbeitsblätter online. http://arbeitsblaetter.stangl-taller.at/news/1296/konfliktfahigkeit. Zugegriffen: 5. Sept. 2015.

Tagesspiegel (dpa) vom 25.03.2012. Murmeln für die Motivation. Erste Hilfe für chronische Prokrastinierer. http://www.tagesspiegel.de/weltspiegel/murmeln-fuer-die-motivation-erste-hilfe-fuer-chronische-prokrastinierer/6369218.html. Zugegriffen: 5. Sept. 2015.

Teamviewer. http://www.teamviewer.com/de/download/. Zugegriffen: 5. Sept. 2015.

Textwende. http://www.textwende.de/tipps/kostenlose-protokollvorlage. Zugegriffen: 5. Sept. 2015.

Tuckman, B. W. (1965). Developmental sequences in small groups. *Psychological Bulletin, 63,* 348–399.

Universität Augsburg. http://www.imb-uni-augsburg.de/studium/mediatoren. Zugegriffen: 5. Sept. 2015.

Universität Bielefeld. Leitfaden zum Schreiben eines Protokolls. http://www.uni-Bielefeld.de/erziehungswissenschaft//scs/pdf/leitfaeden/studierende/protokoll.pdf. Zugegriffen: 5. Sept. 2015.

Universität Carleton. http://http-server.carleton.ca/~tpychyl/. Zugegriffen: 5. Sept. 2015.

Universität Erlangen. https://www.zuv.fau.de/universitaet/organisation/verwaltung/zuv/verwaltungshandbuch/spenden/. Zugegriffen: 5. Sept. 2015.

Universität Freiburg. Gutes Feedback – Regeln für eine wirksame Rückmeldung. http://www.hochschuldidaktik.uni-freiburg.de/koll_hospi/checklisten/feedback. Zugegriffen: 5. Sept. 2015.

Universität Hagen. Willenstest. http://ksw-ifbm.fernuni-hagen.de/mediendidaktik/fragebogen/. Zugegriffen: 5. Sept. 2015.

Universität Halle-Wittenberg. Konzept zum Sponsoring. http://www.verwaltung.uni-halle.de/DE-ZERN1/PRESSE/Vm/Downloads/Spronsoring-Konzept.pdf. Zugegriffen: 5. Sept. 2015.

Universität Kiel. Projekttagebuch. http://www.einfachgutelehre.uni-kiel.de/allgemein/projekttage-buch/. Zugegriffen: 5. Sept. 2015.

Universität Köln. Feedback. http://methodenpool.uni-koeln.de/download/feedback.pdf. Zugegriffen: 5. Sept. 2015.

Universität Köln. Tagebuchmethoden. http://www.methodenpool.uni-koeln.de/download/tagebuch-methode.pdf. Zugegriffen: 5. Sept. 2015.

Universität München. Geheimhaltungsvereinbarungen (CDAs/NDAs). http://www.uni-Muenchen.de/einrichtungen/zuv/uebersicht/dez_i/ref_i6/aufgaben/geheimhaltung/index.html. Zugegriffen: 5. Sept. 2015.

Universität Münster. Prokrastinationsambulanz. http://www.psy.uni-muenster.de/Prokrastinations-ambulanz/. Zugegriffen: 5. Sept. 2015.

Universität Oldenburg. Projekttagebuch. http://www.informatik.uni-oldenburg.de/~iug12/meko/projekttagebuch.html. Zugegriffen: 5. Sept. 2015.

Universität Potsdam. Mediation. http://www.uni-potsdam.de/mediation/. Zugegriffen: 5. Sept. 2015.

Unlocking-potential. Besprechungsprotokoll. http://unlocking-potential.de/2009/07/02/bespre-chungsprotokoll-vorlagetemplate/. Zugegriffen: 5. Sept. 2015.

Wieland, A., & Wallenburg, C. M. (2011). *Supply-Chain-Management in stürmischen Zeiten*. Berlin: Technische Universität.

Abschlussphase

4

In der Abschlussphase **gestalten Sie die Form Ihrer Ergebnisse** und vermarkten sich damit. Im Folgenden erfahren Sie deshalb alles Wichtige über die Dokumentation und Abschlusspräsentation, Projektmessen, Wettbewerbe, Rechteanmeldung und das Review Ihres Projektes. Und Sie bekommen ein paar Tipps, wie Sie mehr aus Ihrem Projekt machen!

4.1 Die Projektdokumentation

Zum Thema „Dokumentation in der wissenschaftlichen Arbeit" gibt es eine ganze Reihe von guten Büchern, spätestens bei der Bachelorarbeit sollten Sie sich in das Thema einarbeiten. In diesem Kapitel wird daher nur auf die wichtigsten Dinge eingegangen, die für eine Projektdokumentation nötig sind, daher drei Buchempfehlungen: Kornmeier 2010; Müller 2012; Theuerkauf 2012.

Auf jeden Fall sollten Sie sich in der Hochschulbibliothek erkundigen, ob **Kurse** zu dem Thema angeboten werden. Das hat sich in den letzten Jahren durchgesetzt. Es sind meist zweistündige Veranstaltungen, bei denen auf Eigenheiten der jeweiligen Fakultät eingegangen wird. Es gibt dort auch **Kurse zu CITAVI** (Literaturverwaltungsprogramm, meist kostenfrei für die Studenten) oder Kurse zur Nutzung von **Statistikdatenbanken**. In den Naturwissenschaften wird oftmals mit **LaTeX** gearbeitet, wenn viele Formeln zum Einsatz kommen – auch hierfür werden Kurse angeboten. Einige Universitäten bieten **Schreibsprechstunden** oder eine **Schreibwerkstatt** an, bei denen Sie Tipps von Profis bekommen. Neben hochschuleigenem Mitarbeiten sind dort auch Lektoren anzutreffen.

© Springer Fachmedien Wiesbaden 2016

C. Stöhler, *Projektmanagement im Studium,* DOI 10.1007/978-3-658-11985-0_4

4.1.1   Der Schreibprozess

Ähnlich wie Ihr Projekt können Sie auch Ihre Dokumentation planen. Der Schreibprozess gliedert sich in **fünf Phasen**, um die Sie auch als geübter Schreiber nicht herumkommen:

- Vorbereitung
- Planung
- Erarbeitung
- Überarbeitung
- Endkorrektur

Vorbereitung
Sie haben während des Projektes einiges gesammelt, was Sie nun sichten müssen. Falls Sie Zwischenpräsentationen gehalten oder ein Projekttagebuch geführt haben, so können Sie sich darauf stützen. Mussten Sie die Abschlusspräsentation vor der Abgabe der Dokumentation halten, so haben Sie auch dadurch bereits eine gute Grundlage für Inhalt und Gliederung.

Planung
In der zweiten Phase, der Planung, sollten Sie im Team die **Struktur** der Dokumentation besprechen und eine Gliederung festlegen. Der Dokumentar hat die Aufgabe, ein **Layout** vorzugeben und ein Template für alle Teammitglieder zur Verfügung zu stellen. So ist sichergestellt, dass im Nachhinein weniger Korrekturen gemacht werden müssen (Schriftarten, Bilddarstellungen usw.). Sie haben sicher auch Vorgaben bekommen bzgl. des Umfangs der Arbeit. So können Sie schon jetzt den **Umfang der Kapitel planen** und Schwerpunkte setzen. Planung heißt aber auch hier Terminplanung.

▶   Vermeiden Sie es möglichst, zwei Tage vor dem Abgabetermin mit der Dokumentation zu beginnen.

Sie schreiben sonst unter Termindruck und geben eher einen Rohtext ab als ein gutes Dokument. Ein anderes Risiko besteht darin, dass Sie dann kaum Gelegenheit haben, den Text final abzustimmen. So bleibt es meist am Dokumentar oder der Projektleitung hängen, schnell noch einen Text fertigzustellen und ihn abzugeben. Sind einzelne Teammitglieder dann nicht zufrieden damit – jetzt rückt das Thema „Note" doch sehr in den Mittelpunkt –, gibt es nicht selten richtig Ärger im Team.

Erarbeitung
Jetzt beginnt das eigentliche Schreiben. Das Ergebnis ist ein Rohtext. Bitte sehen Sie das auch so und **schreiben Sie lieber drauf los**, um Inhalte auf die Seite zu bringen, anstatt viele Stunden mit Formulierungen zu verbringen. Während des Schreibens kommen Ihnen immer wieder neue Gedanken, die Sie einarbeiten werden. So ändert sich der Text fast auto-

matisch ständig. Der Rohtext sollte auch die Gliederung verfeinern. Hatte die Gliederung im ersten Entwurf zwei Ebenen, so sollte sie am Ende ein bis zwei Stufen mehr beinhalten.

Überarbeitung

Als nächste Phase steht die Überarbeitung des Textes an. Der Dokumentar sammelt alle Inhalte und Ergebnisse der Arbeitspakete zusammen oder alle Teammitglieder kopieren sie in ein gemeinsames Dokument. Jetzt wird **der Text komplett gelesen und miteinander abgestimmt**, so dass er einheitlich ist und inhaltlich rund wird (keine Themen doppelt erklären, richtig aufeinander verweisen usw.). Das Layout wird ebenfalls korrigiert. Inhaltsverzeichnis, Glossar, Abbildungsverzeichnis und Literaturverzeichnis werden erstellt und die Einleitung sowie das Fazit nochmals überarbeitet.

Endkorrektur

Ganz zum Schluss werden noch sprachliche Unschönheiten, Rechtschreib- und Zeichensetzungsfehler beseitigt. Diese Qualitätssicherung entscheidet, wie der Text auf den ersten Blick wirkt. Hier zwei Links zum Thema Rechtschreibung und Kommaregeln:

- http://www.udoklinger.de/Deutsch/Grammatik/Kommaregeln.htm
- http://www.duden.de/sprachwissen/rechtschreibregeln

Ganz gut ist es, **den Text von jemand anderen korrigieren zu lassen**, denn in der Regel sehen Sie durch den Schreibprozess den Wald vor lauter Bäumen nicht mehr. Inzwischen gibt es auch professionelle Schreibhilfen für Ausarbeitungen, die allerdings nicht kostenfrei sind. Beispiel: http://www.wissenschaftlicharbeiten.de/

4.1.2   Aufbau der Dokumentation

In der Regel wird je Projektteam eine gemeinsame Ausarbeitung erwartet. Zu Beginn des Projektes sollten Sie unbedingt Ihren Betreuer fragen, was er bzgl. des Umfangs und der Form erwartet. Da es neben der Team- auch eine Einzelbewertung gibt, sollten Sie abklären, **ob die Ausarbeitung als Teamnote** gesehen wird oder ob Sie kennzeichnen müssen, von wem welches Kapitel stammt. Die Dokumentation ist in der Regel ausgedruckt und als PDF auf einer CD abzugeben.

Liegen Ihnen keine Vorgaben für das **Layout** vor, so verwenden Sie:

- Schriftgröße 12
- Zeilenabstand 1,5 pt
- mindestens 2 cm Rand

So schaffen Sie genug Platz für die Kommentare und Korrekturen Ihres Professors.

Das **Deckblatt** sollte folgende Punkte enthalten:

- Titel
- Studiengang
- Semester
- Betreuer
- Projektmitglieder
- Name, Matrikelnummer, Unterschrift
- Abgabedatum

Auch der **Aufbau** hat eine Struktur: Der Hauptteil der Arbeit gliedert sich meist in 3–5 Hauptkapitel, abhängig vom Umfang und der Aufgabenstellung. Mehr als zwei weitere Unterebenen (z. B. 3.4.1) sind ungewöhnlich, schließlich ist Ihr Projektbericht keine Doktorarbeit. Bei der Bewertung der Form wird immer geprüft, ob dieser Struktur gefolgt wird oder ob etwas fehlt.

Beispiel für die Struktur der Dokumentation

- Deckblatt
- Abstract (Kurzzusammenfassung = 1 Seite)
- Inhaltsverzeichnis (ggf. Abkürzungsverzeichnis oder Glossar, falls notwendig)
- Einleitung
- Hauptteil (= eigentliche Arbeit, meist 3–5 Hauptkapitel)
- Zusammenfassung oder Ausblick
- Abbildungsverzeichnis
- Quellenverzeichnis
- Anhang, z. B. für Programmiercodes, Interviewprotokolle etc.

4.1.3   Richtig zitieren

Jeder Betreuer ist gehalten, eine Plagiatsprüfung durchzuführen. Achten Sie deshalb unbedingt darauf, **dass Sie richtig zitieren.** Sowohl wörtliche Zitate als auch inhaltlich zusammenfassende Darstellungen sind kenntlich zu machen. Abbildungen sind mit Quellen zu versehen ebenso wie Screenshots. Es dürfen keine Urheberrechte verletzt werden. Es wurden schon Hochschulen abgemahnt, weil in Arbeiten von Studierenden nicht richtig zitiert wurde bzw. Copyright- oder Trademark-Zeichen bei Namen oder Produkten gefehlt haben. Für den Betreuer müssen Zitate leicht überprüfbar sein, beispielsweise genügen Quellenangaben wie „SAP©-Onlinehilfe 2012" nicht. Bei Quellen aus dem Internet sollten Sie das Abrufdatum dazuschreiben. Einigen Sie sich am Beginn der Arbeit darüber, mit welchem Zitierstil Sie arbeiten, er ist einheitlich zu wählen für alle Projektmitarbeiter.

Das Literaturverzeichnis am Ende der Ausarbeitung ist immer alphabetisch nach den Namen der Autoren sortiert. Zitieren Sie aus mehreren Werken eines Autors, werden diese nach dem Erscheinungsjahr oder nach der Reihenfolge der Nennung im Text sortiert.

Beispiele für Zitierungen, die am häufigsten vorkommen

Vollbeleg als Fußnote: ... der Anteil der Determinanten ist noch ungeklärt.[1]

[1] vgl. Thyssen, Manfred: Verhaltenswissenschaftliche Aspekte der Zitation, Bern 2002, S. 83

Kurzbeleg als Fußnote: ... der Anteil der Determinanten ist noch ungeklärt.[1]

[1] vgl. Thyssen (2002) S. 83

Kurzbeleg im Text: ... der Anteil der Determinanten ist noch ungeklärt. (Thyssen (2002), S. 83)

Direktes Zitat (sparsam einsetzen!): ... Kronmeier weist darauf hin (2010, S. 92): „Wer wissenschaftlich arbeitet, sollte – falls möglich – neben Literatur auch andere Erkenntnisquellen ausschöpfen." Mit Auslassung: ... Kronmeier weist drauf hin (2010, S. 92): „Wer wissenschaftlich arbeitet, sollte [...] neben Literatur auch andere Erkenntnisquellen ausschöpfen."

Indirektes Zitat: ... bei einer wissenschaftlicher Arbeitsweise sind auch andere Erkenntnisquellen als die Literatur auszuschöpfen. (vgl. Kronmeier 2010, S. 92)

Internetzitat: Accenture GmbH, „Mobile Web Watch 2009: Das mobile Internet erreicht den Massenmarkt." http://www.accenture.com/MobileWebWatch_Studie.pdf, Zugriff: 27.12.2010

Zitat von Konferenzbänden: Henrysson, A., et al., „Face to Face Collaborative AR on Mobile Phones. In: Proceedings: IEEE/ACM International Symposium on Mixed and Augmented Reality, pp. 80–89. Los Alamitos, Calif.: IEEE Computer Society, 2005

Zitat aus Zeitungen: Azuma, R. T.: A Survey of Augmented Reality. In: Presence: Teleoperators & Virtual Environments 6 (1997) Nr. 4, S. 355–357

Mündliche Aussagen: Interviewprotokoll im Anhang und/oder Kontaktdaten (@, Tel.) angeben: Laut Frau Maier (03.03.2011, Telefoninterview) wird der Anteil der zentralen Anwendungen zukünftig steigen.

4.1.4   Tipps für einen guten Schreibstil

In der Literatur zum Thema „Wissenschaftliche Arbeiten schreiben" werden auch viele Ratschläge zum Schreibstil gegeben. Nachfolgend daher nur ein paar Tipps:

- **Pro Absatz ein Gedanke:** Dieser Gedanke ist das zentrale Element im Absatz. Alle anderen Sätze vertiefen diesen Gedanken. Dies geschieht durch Definitionen, Begründungen, Details oder Beispiele.
- **Chronologie:** Wenn Sie eine Entwicklung beschrieben, sollten Sie auf die richtige zeitliche Abfolge achten. Das gilt auch innerhalb eines Satzes, so wird er leichter lesbar. Ein Beispiel dazu: Der Knethaken knetet 10 min den zuvor eingefüllten Teig, nachdem

Sie die Maschine eingestellt haben. (3, 1, 2) Sie füllen den Teig in die Maschine, stellen sie an und lassen dann den Teig 10 min kneten. (1, 2, 3)

- **Aktiv statt passiv**: Der Leser fühlt sich durch einen aktiven Stil stärker angesprochen. Vermeiden Sie also das Passiv da, wo es nicht unbedingt nötig ist – so wird Ihr Text lebendiger.
- **Satzlängen unter Kontrolle halten:** Achten Sie darauf, keine zu komplexen Satzgebilde zu konstruieren, und teilen Sie die Informationen besser auf zwei oder mehrere Sätze auf.

4.1.5 Welcher Schreibtyp sind Sie?

Manche Teamkonflikte in der Schreibphase entstehen, weil es unterschiedliche Schreibtypen (vgl. Kruse 2007) und damit Vorgehensweisen gibt. Prüfen Sie einmal, welcher Typ Sie sind. Die Typbezeichnungen wurden im Folgenden der Vorgehensweise und den Gestaltungsmöglichkeiten nachempfunden.

Aquarellmaler
Als Aquarellmaler sind Sie nicht nur ein genauer Planer, sondern auch jemand, der seinen Text vollständig **im Kopf im Voraus** entwirft. Sie haben eine Gliederung vor Augen, an die Sie sich dann halten. Für andere ist kein Fortschritt sichtbar, was zu Zweifeln führt, ob Sie überhaupt mitarbeiten. Sie schreiben den Text dann in einem Wurf in einer fast druckreifen Fassung. Die Überarbeitung fällt minimal aus.

Architekt
Als Architekt brauchen Sie einen **schriftlichen Plan**. Ihre Gliederung ist detailliert und Sie füllen sie anschließend mit Text. Die Reihenfolge, in der Sie Ihre Gliederung dann mit Text füllen, steht nicht fest. In der Überarbeitungsphase ändern Sie Ihren Text gründlich und meist in der Reihenfolge der Gliederung von vorne nach hinten. Sie sind damit bestens geeignet, im Team mit Schreibpaketen zu arbeiten.

Maurer
Als Maurer bauen Sie Ihren Text Block für Block auf und **überarbeiten ihn laufend bis ins kleinste Detail**. Dabei fällt es Ihnen häufig schwer, einen Überblick über den ganzen Text zu behalten. Am Schluss fällt Ihre Überarbeitung daher eher zögerlich aus. Sie fühlen sich am wohlsten, wenn jemand anderes die Gliederung erstellt und Sie Ihr Kapitel dafür richtig gut schreiben.

Zeichner
Als Zeichner erstellen Sie **zunächst die groben Überschriften**, denen Sie folgen. Sie verändern Überschriften und Unterkapitel permanent und arbeiten immer zunächst an Kapiteln, die Ihnen am einfachsten erscheinen. Die Endkorrektur liegt Ihnen nicht, Sie überarbeiten lie-

ber regelmäßig, sowohl inhaltlich als auch grammatikalisch und stilistisch. Sie sind vielleicht im Projekt in der Rolle des Controllers, da bei Ihnen die Qualität permanent geprüft wird.

Ölmaler

Als Ölmaler lassen Sie sich gerne **von Ihrem Thema treiben** und überarbeiten das Geschriebene exzessiv. Sie empfinden Unbehagen dabei, sich beim Schreiben frühzeitig festzulegen. Sie sammeln lieber Ideen beim Schreiben, die Sie später einbauen. Sie produzieren dabei meist eine Flut von Zetteln und Notizen. Ölmaler haben es daher schwer, im Team zu schreiben, produzieren aber sehr kreative Texte.

4.2   Die Abschlusspräsentation

Die Abschlusspräsentation ist **eine mündliche Prüfung**. Das genaue Datum steht meist zu Beginn des Projektes noch nicht fest, das Prozedere aber aufgrund der Rahmenprüfungsordnung schon. Fragen Sie unbedingt rechtzeitig danach, damit Sie sich darauf einstellen können. Insbesondere bei Projektabschlusspräsentationen wird auf das **Zeitmanagement** großen Wert gelegt. Sind beispielsweise 20 min angesetzt, so sollten Sie auch innerhalb dieser Zeit bleiben. Es gibt Betreuer, die strikt nach 20 min die Präsentation abbrechen, und Sie konnten dann unter Umständen nicht alles zeigen, was Sie wollten. Andere lassen eine gewisse Überziehung zu, was sich aber auch auf die Note auswirken kann. Neben der klaren Darstellung des Inhalts ist auch von Bedeutung, **wie Sie präsentieren**. Wenn Sie hier noch keine Erfahrung haben, fragen Sie bei den Allgemeinwissenschaften nach – oftmals gibt es Kurse zu Präsentationstechniken.

Vorbereitung einer Präsentation

- Die Präsentation auf die Zielgruppe ausrichten: **auf die Prüfer**!
- Auf die wichtigsten und aussagekräftigsten Aspekte **beschränken**, insbesondere auf eine saubere Gliederung achten. KISS (Keep It Simple and Straight) beachten.
- Den **Ablauf** festlegen: Eröffnung, Hauptteil, Abschluss und Zeit für Fragen einplanen.
- Im Vorfeld **Rahmenbedingungen und Technik** organisieren (Raum, Mikro, Overhead, Beamer, Flipchart usw.) und ggf. die Tafel vorher putzen oder sonstige Störquellen oder Ablenkungen beseitigen.
- Die Präsentation im Vorfeld **einmal durchspielen**, dann wissen Sie, wie Sie mit der Zeit zurechtkommen, und können die Übergänge zwischen den Projektmitgliedern einüben. Es wird großer Wert darauf gelegt, dass alle gleichberechtigt sprechen. Wählen Sie also nicht einen Hauptredner, sondern binden Sie jeden ein.

Die eigene Person

- Die Kleidung sollte angemessen und nicht zu leger sein, aber Sie sollten sich auch wohlfühlen.
- Der jeweilige Referent steht.

- Blickkontakt zum Auditorium herstellen – das erhöht die Aufmerksamkeit und das eigene Selbstbewusstsein.
- Langsam, laut und deutlich sprechen. Möglichst frei sprechen, also nicht vorformulieren, aber auch nicht zu viel Umgangssprache benutzen.
- Kurze verständliche Sätze mit gezielten Pausen, keine Schachtelsätze.
- Kontrollierte Mimik und Gestik und nicht mit Stift oder Schlüssel o.Ä. spielen, ruhig stehen, nicht hin und herlaufen.
- Versprecher einfach korrigieren und weitersprechen, keine großen Entschuldigungen.
- Fällt Ihnen ein bestimmter Begriff nicht ein: eine Umschreibung geben. Fehlt z. B. eine Vokabel, so können Sie diese auch einfach beim Publikum erfragen.

Das Umfeld
- Seitengespräche von Zuhörern sind störend. Die Störung selbstbewusst ansprechen und nicht einfach ignorieren – denn es ist unfair.
- Nicht im Projektionsbild des Präsentationsmediums stehen und darauf achten, dass Sie die Hauptperson sind und nicht das Medium.
- Bei Verwendung des Overhead-Projektors: auf dem Projektor zeigen und den Stift vor den hervorzuhebenden Aspekt legen, nicht mit der Hand zeigen, denn wenn Sie aufgeregt sind, zittern Sie und der Stift mit. Das Gerät erst einschalten, wenn es benötigt wird, nach Gebrauch gleich wieder ausschalten.
- Bei Verwendung anderer Präsentationsmedien (z. B. Flipchart): Auf einen Aspekt kurz zeigen, dem Auditorium dabei nicht den Rücken zuwenden, dann wieder volle Aufmerksamkeit auf die Zuhörern (wer mit seinen Präsentationsmedien spricht statt mit den Zuhörern, wirkt unhöflich!).
- Üblich sind Präsentationen mittels Beamer. Die Präsentation auch als PDF vorbereiten, dann sind Sie unabhängig, ob auf dem zur Verfügung stehenden PC das passende Programm installiert ist.
- Es ist gut, die Präsentation vorab auszuhändigen, dann kann sich der Prüfer darauf vorbereiten. Das ist nicht unbedingt Pflicht und hängt von der jeweiligen Fakultät oder dem Professor ab.
- Sie sollten darauf vorbereitet sein, dass die Technik versagt. Nehmen Sie z. B. einen Ersatz-Laptop und eine Kopie des Foliensatzes auf einem USB-Stick mit sowie Handouts für die Zuhörer (Prüfer).
- Unbedingt Folienschlachten vermeiden, sonst kann niemand folgen. Hier gilt eine Faustregel: 1 Folie=ca. 2 min, Schriftgröße > 18 wählen, die Folien übersichtlich und nicht mit Fließtext füllen. Bei 20 min Prüfung also auf keinen Fall mehr als 10 Folien.
- Es wirkt sich auch nachteilig aus, wenn die Präsentation 1:1 der schriftlichen Ausarbeitung entspricht, Sie also einfach eine Kopie der Ausarbeitung auf den Folien darstellen.
- Es ist gut, neben den Standard-Folien eigene Darstellungsformen einzubringen. Das können reale Anschauungsobjekte sein, Bilder, Simulationen usw., je nach Thema.

4.2.1   Der Aufbau der Präsentation

Zu Beginn wird geklärt, wer die Präsentatoren sind. Dafür werden manchmal Nummern ausgegeben, die anzuheften sind. So ist sichergestellt, dass die Prüfer niemanden verwechseln. Grundsätzlich hat jede Präsentation **vier Abschnitte**:

- Eröffnung
- Hauptteil
- Schluss/Zusammenfassung
- Zeit für Fragen

Es ist gut, im Rahmen der Eröffnung die **Personen** mittels der Projektstruktur (Folie mit Organigramm und Fotos) vorzustellen. Stellen Sie hier den **Ablauf** der Präsentation kurz vor, etwa die Dauer und ob es einen Zeitmanager gibt, der rechtzeitig Bescheid gibt, oder ob Fragen am Ende oder Zwischenfragen gestellt werden können. Das gibt Sicherheit und Sie können sich im Laufe der Präsentation darauf berufen. Gerade Zwischenfrager können Sie dann gut auf den Schluss verweisen, wenn Sie nicht sofort antworten wollen oder in Zeitnöte kommen.

Die Eröffnung

Bei der Eröffnung wird das **Thema** kurz vorgestellt, die **Vorgehensweise** im Projekt erklärt, die **Projektmitglieder** benannt (externe nicht vergessen) und das Ziel erklärt. Gut eignen sich auch Stilmittel wie Zitate oder Bilder für die Eröffnung. Wenn der Prüfer großen Wert auf das Thema „Projektmanagement" legt, so sollten Sie erklären, wie das Thema umgesetzt wurde. Das hängt aber ganz von den Erwartungen des Prüfers ab, klären Sie diese möglichst im Vorfeld. Es gibt auch Prüfer, die an diesem Thema nicht interessiert sind, sondern nur an den Projektergebnissen.

Der Hauptteil

Indem Sie die Agenda erklären, leiten Sie zum Hauptteil über. Es gibt im Wesentlichen **zwei Arten**, den Hauptteil zu gestalten. Entweder spricht **ein Projektmitglied nach dem anderen** über seinen Part (oft gewünschte Variante seitens der Prüfer) oder es geschieht **interaktiv zwischen mehreren Personen** in einer Art Schauspiel, indem Rollen verteilt werden oder das Produkt mit verteilten Aufgaben demonstriert wird. Ob sich letzteres eignet, hängt vom Thema ab. Werden z. B. Programmabläufe vorgeführt, so kann ein Student am Computer sitzen und gibt etwas ein oder führt aus, ein anderer erklärt das Ergebnis an der Wand, ein dritter steht am Flipchart und zeigt, wo sie sich im Programm befinden und erläutert den Zusammenhang. Diese Art der Präsentation setzt jedoch ein eingespieltes Team voraus.

▶   Wichtig ist, dass das Team einen einheitlichen Präsentationstil wählt. Das gilt
    sowohl für das Layout der Folien als auch für die Argumentationsweise. So
    kann der Prüfer sehen, dass das Projekt wirklich im Team gestaltet wurde.

Erkennbar ist das auch an der Verwendung von Namenskonventionen, die es leichter machen, dem Thema zu folgen, beispielsweise sollten Fachbegriffe entweder in Deutsch oder
in Englisch benutzt werden – nicht gemischt.

Der Schlussteil/die Zusammenfassung
Es hat sich bewährt, dass **ein und dieselbe Person sowohl die Eröffnung als auch die
Zusammenfassung** übernimmt und somit der Präsentation einen Rahmen gibt. Hier soll-
ten die Ergebnisse oder Erkenntnisse aus dem Hauptteil nochmals kurz zusammengefasst,
z. B. anhand einer Folie, und mit einem Ausblick abgeschlossen werden. Genau wie in der
Eröffnung kann dies mit einem abschließenden Bild geschehen.
      Machen Sie deutlich, dass Ihr Vortrag beendet ist, indem Sie dem Publikum für die
Aufmerksamkeit danken und auf die Möglichkeit hinweisen, jetzt Fragen zu stellen. Tun
Sie das nicht, hinterlässt das immer ein wenig Verwirrung beim Publikum, ob der Vortrag
jetzt wirklich zu Ende ist.

Fragen
Dieser Teil der Präsentation wird maßgeblich **vom Prüfer** bestimmt. Die Fragen der Prüfer können betreffen: einzelne Punkte oder Themen, die ihnen in der Präsentation gefehlt
haben, Hintergrundwissen oder Quellen. Manchmal werden Sie aufgefordert, auf eine bestimmte Folie zurückzugehen, und es wird zu einem bestimmten Punkt nachgehakt. Sie
werden auch gebeten, einen Sachverhalt zusammenzufassen oder eine Meinung zu einem
anderen Gesichtspunkt zu äußern.
      Wenn viel nachgefragt wird, so heißt das nicht, dass der Vortrag nicht gut war, viel-
leicht hat das Thema den Prüfer besonders interessiert. Lassen Sie sich also hier nicht
verunsichern. Genauso kann es sein, dass sehr wenig Fragen gestellt werden, das muss
nicht heißen, dass keine Fragen offen geblieben sind, sondern vielleicht hat der Prüfer sich
schon ein fertiges Bild gemacht.

4.2.2   Layout-Tipps für Folien

* Einheitliches Layout wählen (Folienmaster).
* Folien optisch gliedern: Überschriften und Zweitüberschriften wählen.
* Anzahl der Folien im Auge behalten, keine Folienschlachten.
* Regel: 1 Folien = 2 min → 30 min Vortrag = 15 Folien.
* Vorlesefolien vermeiden, die Folien dienen nicht der Dokumentation oder zum
  Nachlesen.
* Die Folien nicht vollpfropfen – das erschlägt und man sieht dann gar nichts mehr.

- Stichpunkte statt Sätze verwenden.
- Zu viele und unterschiedliche Animationen vermeiden. Animationen sollen den Vortrag unterstützen und nicht zeigen, dass Sie mit PowerPoint spielen können.
- Bei der Farbwahl auf Kontrast achten, damit die Folie übersichtlich bleibt.
- Keine bunten Knallbonbons: Farbenschlachten vermeiden.
- Auf eine Schriftgröße > 18 achten.
- Keine verschnörkelten Schriftarten verwenden, besser z. B. Arial oder Calibri.
- Bild schlägt Wort – wenig Text, viel Bild z. B. Grafiken.
- Links einbauen, wenn Sie verzweigen wollen und technisch können (Internet). Das ist gut, falls Sie mit Nachfragen rechnen und hier zügig über den Link an Informationen gelangen.

Nachfolgend sind ein paar Beispiele für Layouts aufgeführt.

Beispiel für ein Layout zum Inhalt einer Präsentation

Abbildung 4.1 ist ein Beispiel für eine Agenda, die während der Präsentation verwendet wird, um deutlich zu machen, bei welchem Punkt man sich gerade befindet. Das aktuelle Thema kann z. B. farblich hervorgehoben oder umrandet werden. **Mit dieser Trennfolie ist ein klarer Wechsel von einem zum nächsten Thema möglich.**

Mit der Seitenzahl zeigen Sie, wie weit der Vortrag fortgeschritten ist, Unterpunkte, wie beim 3. Punkt, zeigen den Schwerpunkt.

Beispiel für ein Layout, das nicht lesbar ist

Abbildung 4.2 können Sie sehr schön sehen, dass Sie nichts erkennen – und so wird es auch dem Auditorium gehen. Die Folie unterstützt weder den Vortrag, noch hat sie einen inhaltlichen Mehrwert – **eine Zusammenfassung in Stichworten wäre besser.**

Abb. 4.1 Muster für den Inhalt einer Präsentation

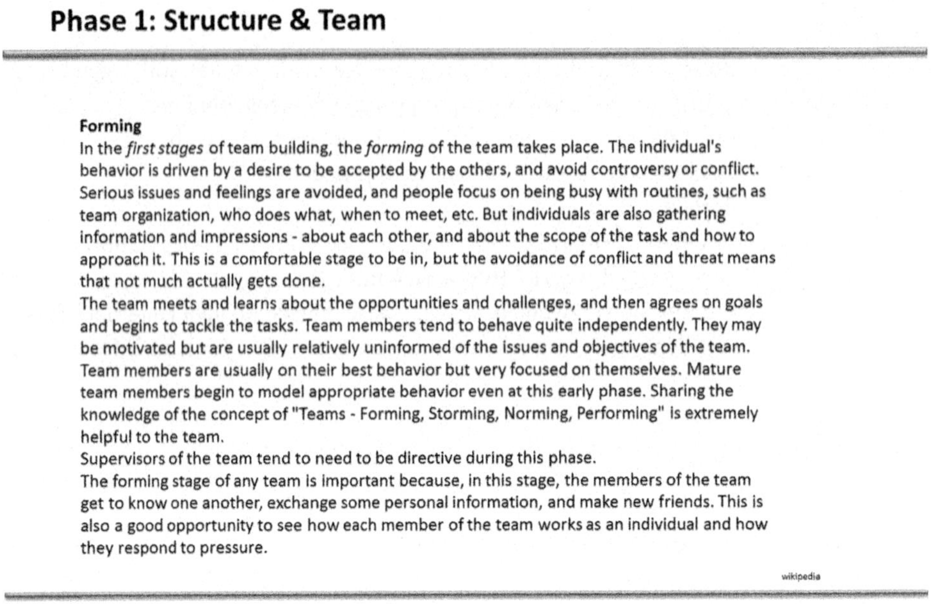

Phase 1: Structure & Team

Forming
In the *first stages* of team building, the *forming* of the team takes place. The individual's behavior is driven by a desire to be accepted by the others, and avoid controversy or conflict. Serious issues and feelings are avoided, and people focus on being busy with routines, such as team organization, who does what, when to meet, etc. But individuals are also gathering information and impressions - about each other, and about the scope of the task and how to approach it. This is a comfortable stage to be in, but the avoidance of conflict and threat means that not much actually gets done.
The team meets and learns about the opportunities and challenges, and then agrees on goals and begins to tackle the tasks. Team members tend to behave quite independently. They may be motivated but are usually relatively uninformed of the issues and objectives of the team. Team members are usually on their best behavior but very focused on themselves. Mature team members begin to model appropriate behavior even at this early phase. Sharing the knowledge of the concept of "Teams - Forming, Storming, Norming, Performing" is extremely helpful to the team.
Supervisors of the team tend to need to be directive during this phase.
The forming stage of any team is important because, in this stage, the members of the team get to know one another, exchange some personal information, and make new friends. This is also a good opportunity to see how each member of the team works as an individual and how they respond to pressure.

wikipedia

Abb. 4.2 Beispiel einer Folie mit zu viel Text

Die Art einer Präsentation richtet sich nach der Zielgruppe, in diesem Fall sind das Professoren, d. h. Wissenschaftler. Es ist daher wichtig, die **Formalien des Fachs einzuhalten**. Es ist ein fataler Fehler hiervon abzuweichen, wie in Abb. 4.3 zu sehen ist.

Beispiel: Standards verwenden

Im Projekt war ein UseCase-Diagramm aus der UML zu erstellen. Da ist es nicht angebracht, aus Gründen der Auflockerung (Präsentationsstilmittel) Bilder von Tieren anstatt der Standardform „Strichmännchen" zu verwenden, das gilt selbstverständlich auch für die schriftliche Ausarbeitung!

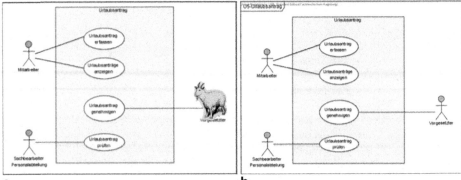

a   b

Abb. 4.3 Beispiel für falsches (**a**) und richtiges (**b**) Usecase-Diagramm

Introduction: Management of Large Projects

„Wenn Du ein Schiff bauen willst,
so trommle nicht Männer zusammen,
um Holz zu beschaffen,
Werkzeuge vorzubereiten,
Aufgaben zu vergeben
und die Arbeit einzuteilen,

sondern lehre die Männer
die Sehnsucht nach dem weiten endlosen Meer."
Antoine de Saint-Exupery

Abb. 4.4 Beispiel einer Folie mit Zitat

Beispiele für ein Layout mit Zitat und Bild

Auflockerungen sind ein Stilmittel, das passend eingesetzt werden muss. Grundregel ist, immer eine gesonderte Folie dafür zu verwenden. Gut eignen sich zu Beginn der Präsentation **Zitate**, um das Ziel oder die Motivation zu verdeutlichen, ebenso wie **Bilder** oder **Fotografien** (Achtung: Rechte einholen oder Bild kaufen!), wie in Abb. 4.4 und 4.5 zu sehen ist.

Der Mensch ist kein Roboter!

Abb. 4.5 Beispiel einer Zusammenfassung mit Bild

4.2.3   Das ABC einer guten Präsentation

Aufbau
Der Aufbau einer Präsentation besteht aus Vorstellung (wer bin ich?), Einleitung, Hauptteil sowie Zusammenfassung und Ausblick.

Blickkontakt
Halten Sie Blickkontakt zu Ihrem Publikum. Jederzeit! Wer überzeugen will, muss während des Großteils seiner Redezeit Augenkontakt zum Publikum halten, oder er wirkt unglaubwürdig.

Copyrights
Genau wie bei der Dokumentation müssen die Quellen genannt und richtig gekennzeichnet werden.

Design
KISS – Keep It Straight and Simple. Die Slides sollen den Vortrag visualisieren – nicht ersetzen! Das bedeutet: große Schriftgröße und keine ausformulierten Texte. Alle Slides sollen im selben Design erstellt sein, so dass man sich leicht zurechtfindet, z. B. bei Aufzählungen.

Effekte
Je weniger, desto besser. Wer die Folien unnötig oft animiert, der versteckt sich hinter den Folien (weiß der überhaupt etwas, wo ist die Substanz?) und hat viel zu viel Zeit mit der Aufbereitung verbracht statt mit dem Inhalt.

Grafiken
Auf die Skalierung achten und ansprechende Formen wählen, nur wenig animieren, z. B. um eine Entwicklung zu betonen. Balken ansteigen/sinken lassen.

Handout
Das Handout sollte eine kurze Zusammenfassung der wesentlichen Inhalte sein. Die Länge richtet sich nach dem Anlass. Manchmal bringt eine Seite alles auf den Punkt. Manchmal braucht es ein paar Seiten, weil z. B. wichtige Grafiken mitzugeben sind. Auf jeden Fall gehören der Name, das Datum und die Veranstaltung dazu.

Höhepunkte
Die Höhepunkte sollten Sie am Anfang und am Ende des Vortrags platzieren. Aufsehen erregen Sie etwa mit Reizwörtern, interessanten Einblicken, überraschenden Vergleichen und unbekannten Fakten und Nachrichten. Ein Bild sagt mehr als tausend Worte.

Initial
Zeigen Sie deutlich, dass es losgeht. Ein unauffälliger Anfang ist keiner.

Jux
Mit etwas Humor bekommt man jedes Publikum in den Griff. Ein witziger Vergleich oder eine kurze Anekdote kann das Klima auflockern. Nur bitte nicht übertreiben, sonst geht es nach hinten los.

Körpersprache
Ruhiger, fester, aufrechter Stand, langsame Bewegungen, die Arme angewinkelt (Hände nicht in die Hosentaschen stecken und Arme nicht verschränken), Raum einnehmen durch Gesten, dann wirken Sie souverän.

Leinwand
Die Leinwand sollte nicht die Bühne beherrschen. Nicht die Slides sind das Wichtigste, sondern Sie!

Monitor
Falls der eigene Laptop genutzt wird, vorher den Bildschirmschoner und Hintergrundbilder abschalten (das kann sonst peinlich werden) sowie alle nicht benötigten Anwendungen schließen.

Notizen
Notizen so vorbereiten, dass das Publikum sie nicht sieht, z. B. Blätter aufs Pult legen.

Online-Versand
Keine PowerPoint-Datei verschicken sondern immer nur ein PDF. So schützen Sie sich vor Missbrauch und halten die Datei klein. 20 MB legen Postfächer lahm!

Publikum
Sie reden nicht gegen eine Wand, sondern mit Menschen. Es gilt also, sie immer wieder einzubeziehen und Fragen zu stellen. Wenn es laut wird, nicht dagegen anbrüllen, sondern leise werden, eine Pause einlegen oder um Ruhe bitten. Fragen aus dem Publikum am besten wiederholen, damit sie auch jeder verstanden hat.

Quatsch
Seien Sie konzentriert und sagen Sie, was zu sagen ist. Schweifen Sie nicht ab oder ziehen Sie Themen nicht unnötig in die Länge durch weitschweifige Ausführungen.

Rückfragen
Rückfragen zulassen, wenn Sie das wollen. Oder auf das Ende des Vortrags verweisen und z. B. am Flipchart parken.

Sprache
Klar und lebendig sprechen, so dass Sie gut zu verstehen sind. Ein konstanter und mono-
toner Tonfall macht Sie und Ihr Publikum müde.

Timing
Erst sagen, dann zeigen. Das Bild muss zum Text passen und sollte passend eingeblendet
werden. Das Timing ist entscheidend, wenn Effekte aufgebaut werden.

Unterbrechen
Machen Sie zwischendurch kleine Pausen, ein Blick in die Runde hilft dabei, sich wieder
Aufmerksamkeit zu holen. Reden Sie nicht ununterbrochen, denn es ist für das Publikum
anstrengend, eine halbe Stunde am Stück zuzuhören und zu folgen.

Vorstellung
Stellen Sie sich am Anfang so vor, dass Ihr Auditorium später auch weiß, wer Sie sind.
Ein Beispiel: „Mein Name ist Frau Wenig [hier eine kurze Pause einlegen], aber ich habe
Ihnen ganz und gar nicht wenig zu erzählen, sondern ..."

Wiederholungen
Im Gegensatz zur Dokumentation lebt eine Präsentation von der Wiederholung von Ergebnissen, Erkenntnissen oder Annahmen. Der Mensch merkt sich neue Dinge durch Wiederholungen.

XYZ – wenn Sie den Faden verlieren
Das ist weniger schlimm, als Sie denken. Ein paar Schritte zurückgehen und neu ansetzen,
dann geht es meist wieder. Oder den letzten wichtigen Punkt zusammenfassen und danach
noch einmal starten.

4.3   Die Projektmesse

An einigen Hochschulen wird am Ende des Semesters eine Projektmesse veranstaltet,
auf der Studierende Gelegenheit haben, ihr „Produkt" der Öffentlichkeit vorzustellen. Ein
Beispiel für eine Messe an der Hochschule Augsburg:
   http://www.hs-augsburg.de/fakultaet/informatik/studium/projekte/index.html
   Ganz hervorragend geeignet, um Ideen zu sammeln, sind die Veranstaltungen von „Ju-
gend forscht" http://www.jugend-forscht.de, hier stellen Jungforscher ihr Projekt vor. Es
gibt Regional-, Landes- und Bundesrunden, und was hier gezeigt wird, ist wirklich be-
eindruckend, sowohl vom Inhalt als auch von der Präsentation her. So manches Patent ist
daraus hervorgegangen. Außerordentlich wichtig, falls so etwas in Betracht kommt: Erst
anmelden beim Patentamt und dann mit der Idee oder dem Produkt öffentlich auftreten!
Andersherum hat es später rechtliche Konsequenzen.

Eine Messe ist auch eine gute Gelegenheit, **sich darin zu üben, sich zu präsentieren.** Da die Veranstaltung öffentlich ist, wird vielleicht auch die Presse eingeladen, oder Förderer der Hochschule sowie Partnerfirmen besuchen die Ausstellung. In diesem Fall sollten Sie Handouts vorbereiten, so dass Sie Ihr Projekt bewerben können. Vielleicht wecken Sie beim Publikum **Interesse für ein Folgeprojekt** oder Sie sind auf der Suche nach einem **Praktikum** oder einer **Abschlussarbeit** und geben den Besuchern einen Reminder mit.

Haben Sie die **Wahl zwischen Stand und Vortrag**, so sollten Sie den Stand wählen, wenn Sie etwas vorführen wollen. Scheuen Sie den Vortrag vor einem großen Publikum, so fühlen Sie sich bei einem Stand auch besser aufgehoben. Wollen Sie dagegen eine „Show" machen oder etwas Einmaliges vorführen, ist der Vortrag besser geeignet. Geht es zeitmäßig eng aus am Ende des Projektes, so kann es auch für den Vortrag sprechen, dass Sie hier Ihre fertige Abschlusspräsentation einfach noch einmal halten können. War das Projekt nicht gut und Sie sind froh, einfach nur bestanden zu haben, so wählen Sie den Vortrag und bringen es einfach hinter sich. Das klingt zwar krass – aber so ist es auch eine Erfahrung.

Wie auf jeder Messe sollten Sie Ihren Vortrag bewerben. Eine Projektgruppe kann sich eine **Webseite** einrichten und **Flyer** in der Mensa verteilen, um für ihren Vortrag und Stand zu werben. Abbildung 4.6 zeigt hierzu ein Beispiel. Die eigene Webseite ist schon sehr aufwendig, aber ein Flyer ist nicht unüblich. Sie können damit vor Ihrem Vortrag durch die Veranstaltung gehen und aktiv Mitstudenten oder **Besucher ansprechen.** Gängig sind auch **Plakate**, die auf dem Gelände aufgehängt werden können – bitte das Abhängen hinterher nicht vergessen!

Optisch können Sie auf Ihr Projekt aufmerksam machen, indem Sie beispielsweise **T-Shirts bedrucken**, Abb. 4.7, oder **Buttons** herstellen.

4.3.1 Der Vortrag

Basis für den Vortrag ist die Abschlusspräsentation, die Sie bereits beim Betreuer halten mussten. Manche Betreuer verzichten auf die Abschlusspräsentation und bewerten stattdessen den Vortrag auf der Messe. Wenn Sie viel Publikum haben möchten, achten Sie auf die Uhrzeiten, an denen Sie eingeplant sind. Externe Besucher und die Hochschulleitung haben erfahrungsgemäß eher am späteren Nachmittag Zeit. Nach der Mittagspause ist dagegen mit wenig Publikum zu rechnen. **Hier gelten dieselben Regeln wie für die Abschlusspräsentation.** Da es ein fester Zeittakt ist, besteht keine Überziehungsmöglichkeit! Es ist also umso wichtiger, vorher den Zeitbedarf zu testen. Auch kann das Publikum anders sein als der Professor (Zielgruppe: Studenten, Besucher, Presse, Hochschulleitung). Hier sollten Sie also Ihren Vortrag anpassen.

Abb. 4.6 Beispiel für einen
Flyer auf der Projektmesse

Beispiel

Ein Projekt findet im Ausland statt. Dann hatten Sie ganz sicher eine Abschlusspräsentation an Ihrer Partnerhochschule, dort stand vermutlich der Inhalt des Projektes im Vordergrund. Halten Sie den Vortrag dann auf der Projektmesse, so interessieren sich die Zuhörer auch dafür, was Sie im Ausland erlebt haben, z. B. Unterkunft, Begegnungen, Gebräuche usw. Erwartet wird also ein Erfahrungsbericht – dafür ist es gut, ein wenig Zeit einzuplanen.

Berücksichtigen Sie in Ihrer Präsentation auch das Feedback, das Sie auf Ihre Abschlusspräsentation bekommen haben. Gab es keine vorherige Abschlusspräsentation, so haben Sie die Möglichkeit, dem Betreuer Ihren Vortrag vorab zu mailen und um Feedback zu bitten. Doch bitte nicht in der Nacht vor der Projektmesse, so eine kurzfristige Antwort können Sie nicht erwarten. An einigen Hochschulen werden die Projekte auf der Messe bewertet, und es werden Gewinne ausgegeben für den besten Stand, den besten Vortrag

Abb. 4.7 Beispiel für ein
T-Shirt mit dem Projektnamen

oder das beste Gesamtprojekt. Die Jury kann dabei ein Gremium sein oder es gibt eine Abstimmung unter den Teilnehmern.

▶   Eine Auszeichnung macht sich immer gut bei Bewerbungen – nutzen Sie diese Chance, wenn Sie ein gutes Projekt hatten. Wenn es so etwas an Ihrer Hochschule noch nicht gibt, können Sie es vielleicht anregen:

4.3.2   Der Stand

Der Stand kann je nach den Räumlichkeiten auf der Messe gestaltet werden. Im Vorfeld finden ein bis zwei Vorbereitungsveranstaltungen statt, in der die wichtigsten Dinge besprochen werden. Dort melden Sie Ihren Bedarf an Equipment an, z. B. Tisch, Stellwand, Beamer, Strom, und bekommen einen Standort. Seien Sie schnell mit Ihrer Wahl, denn die besten Plätze (Publikumsdurchgang, Tageslicht, Frischluft) sind rasch vergeben. Abbildung 4.8 zeigt, wie sich **ein Stand durch die Gestaltung vom Nachbarprojekt abheben** kann (Hintergrund gelb, Bilder und Grafiken, PC zur Demonstration).

So ist es möglich, auch bei beengten Verhältnissen Blickfang zu sein. Grafiken und Text sollten so groß gedruckt sein, dass man sie gut lesen kann (>24 Schriftgröße).

Gut eignet sich auch ein **Quiz am Stand**, bei dem es beispielsweise etwas Süßes zu gewinnen gibt. Schätzfragen sind gut geeignet oder Multiple Choice. Das ist auch ein guter

Abb. 4.8 Beispiel für
Standgestaltung bei engen
Platzverhältnissen

Einstieg in die Diskussion mit Ihrem Publikum. In Abb. 4.9 sehen Sie links ein Flipchart
mit einem Gewinnspiel, in der Mitte als Eyecatcher ein Werbeplakat, rechts einen Bild-
schirm mit durchlaufender Abschlusspräsentation und daneben eine große Stellwand mit
einem Workflow, der das Prinzip erläutert. So können die Studierenden sowohl hinter dem
Tisch als auch vor dem Tisch mit dem Publikum agieren.

Beispiel: Gewinnspiel

Frage: Was ist ein I-Doc?
a. Ein App für das Handy als mobiler Doktor
b. Das Intermediate Document (IDoc) ist ein Behälter für den Austausch von Daten
zwischen zwei Systemen
c. Ein elektronisches Dokument
Als Gewinn wurden Ü-Eier (Überraschungseier) ausgelobt, dann ist auch noch ein
Wortspiel eingebunden. Antwort b ist übrigens richtig.

Abb. 4.9 Beispiel für einen
Stand mit Gewinnspiel

Führen Sie etwas vor, so sollten Sie die **Sicherheitsvorschriften** einhalten, um Verletzungen zu vermeiden. Bewegte Areale sollten Sie daher mit einem Absperrband abtrennen. Chemische Reaktionen, Explosionen etc. unterliegen gesonderten Sicherheitsvorschriften, die Sie unbedingt beim Betreuer erfragen sollten. Ganz prima ist es auch, wenn das Publikum etwas ausprobieren kann. Akustisch gestaltete Stände können kritisch sein, wenn die erzeugten Geräusche so laut sind, dass die umliegenden Stände gestört werden.

Folgendes sollten Sie vermeiden
- Unstrukturierte Poster mit viel Text (siehe Layout für Folien)
- Kabelsalat und Unordnung am Stand (auch keinen Müll!)
- Hintergrundmusik laufen lassen
- Den Stand lange verwaist lassen (besser ein Schild „Komme gleich wieder")

Fragen Sie einfach ältere Semester nach ihren Erfahrungen von vergangenen Projektmessen. Vielleicht gibt es dazu auch Informationspakete bei der Fachschaft. **Auf keinen Fall sollten Sie die Termine zur Vorbesprechung verpassen.** Meist wird dort nicht das ganze Team erwartet, sondern nur eine Vertretung.

4.4   Mehr aus dem Projekt machen

Es kommt vor, dass sich Projekte so gut entwickeln, dass dabei ein Produkt, Verfahren oder Ähnliches entsteht, das von dauerhaftem Interesse ist.

4.4.1   Das Urheberrecht

Das Urheberrecht stellt das Pendant zum gewerblichen Rechtsschutz (z. B. dem Patentrecht) dar und ist dem deutschen Privatrecht zuzuordnen. Während der gewerbliche Rechtsschutz Ergebnisse geistigen Schaffens (sog. Immaterialgüter) auf gewerblichem Gebiet schützt, schützt das deutsche Urheberrecht **die ideellen und materiellen Interessen des Urhebers** an seinem Geisteswerk **auf kulturellem Gebiet** (vgl. Gesetze online 2015).

Grundsätzlich liegt dabei das **Urheberrecht bei der Projektgruppe** oder/und dem Professor/Institut, aber eben **nur grundsätzlich**. Gerade bei der Zusammenarbeit mit externen Partnern sollte der Vertrag entsprechend gestaltet werden. Insbesondere bei einer finanziellen Unterstützung im Sinne einer Auftragsarbeit behalten sich die **Firmen gerne die Rechte am Ergebnis** vor. Hier können Sie viel falsch machen, und das Thema ist sehr vielschichtig. Sie sollten gemeinsam mit Ihrem Betreuer die Rechtsberatung der Hochschule kontaktieren. Vielleicht gibt es dafür an Ihrer Hochschule schon Präzedenzfälle, die Ihnen weiterhelfen. Versuchen Sie auf keinen Fall, dieses Thema allein zu lösen.

4.4.2   Der Gebrauchsmusterschutz

Mit dem Gebrauchsmuster können Sie technische Erfindungen schnell und preiswert schützen lassen. Während eine Patentanmeldung oft einige Jahre dauert, kann das Gebrauchsmuster **bereits wenige Wochen** nach der Anmeldung eingetragen werden und Sie bekommen schnell ein vollwertiges, durchsetzbares Schutzrecht für Deutschland (maximal 10 Jahre). Zu beachten ist dabei, dass technische und chemische Verfahren zwar patentiert, als Gebrauchsmuster jedoch nicht geschützt werden können. Das Deutsche Patent- und Markenamt (DPMA) prüft im **Eintragungsverfahren** zwar die formellen, nicht aber die sachlichen Schutzvoraussetzungen:

- Neuheit
- erfinderische Leistung
- gewerbliche Anwendbarkeit

Vergewissern Sie sich deshalb im Vorfeld, dass diese Voraussetzungen für ein wirksames Schutzrecht bei Ihrer Anmeldung tatsächlich vorliegen. Sonst können Sie nach der Eintragung keine Rechte aus Ihrem Gebrauchsmuster geltend machen, denn erst in einem späteren Löschungs- oder Verletzungsverfahren erfolgt nachträglich die Prüfung. Die Anmeldegebühr beträgt 40 € (vgl. DPMA online 2015) und nach dem dritten Jahr ist eine Aufrechterhaltungsgebühr zu bezahlen, z. B. 210 €. **Der Gebrauchsmusterschutz ist eine echte Alternative zum Patent.**
Informationen unter: http://www.dpma.de/gebrauchsmuster/index.html

4.4.3   Das Patent

Das Patent schützt neue technische Erfindungen. Sein Inhaber kann damit räumlich (Patentraum) und zeitlich befristet (maximal 20 Jahre) **allein über die Erfindung und seine Verwertung verfügen.** Eine nicht autorisierte gewerbliche Nutzung des Patents kann er verbieten und somit wirtschaftlichen Nutzen für sich aus der Erfindung ziehen. Allerdings sind durch die Veröffentlichung der Erfindung mit dem Patent automatisch Ihre Erkenntnisse für jedermann zugänglich.
Informationen unter: http://www.dpma.de/patent/index.html
Ein Patent entsteht nicht mit Anmeldung Ihrer Erfindung beim DPMA. Erst mit der **Patenterteilung**, nach einem **umfangreichen Prüfverfahren**, setzt Ihr Schutz- und Verbietungsrecht ein. Zunächst erfolgt eine Vorprüfung, bei der ermittelt wird, ob offensichtliche Patentierungshindernisse vorliegen und ob Ihre Unterlagen vollständig und korrekt sind. Ihre Erfindung wird auch in die Internationale Patentklassifikation eingeordnet. Mit dieser „Voranmeldung" sichern Sie sich den sogenannten **Zeitrang** bei der Vergabe.
Um auch tatsächlich ein Patent zu erhalten, müssen Sie dann einen **Prüfungsantrag** stellen und die **Prüfungsgebühr** in Höhe von 350 € bezahlen. Erst dann kann das Amt die

für die Patenterteilung notwendige Prüfung der Anmeldung durchführen. Gegebenenfalls können Sie vor Ihrem Prüfungsantrag auch einen separaten Rechercheantrag zu Ihrer Anmeldung stellen. In diesem Fall wird Ihnen mitgeteilt, welche Dokumente für die Prüfung der Patentfähigkeit Ihrer Erfindung relevant sein können. Die **Kosten für die Erlangung des Patents sind erheblich** und es kann lange dauern, bis es erteilt wird und Sie es wirtschaftlich nutzen können.

▶   Eines ist ganz wichtig, wenn Sie Gebrauchsmusterschutz oder Patente in Betracht ziehen: Vor der öffentlichen Vorführung muss Ihre Erfindung beim Patentamt angemeldet sein, d. h. bereits vor der Präsentation etwa auf der Projektmesse, sonst ist sie öffentlich und kann nicht mehr angemeldet werden.

4.4.4   Teilnahme an Wettbewerben

Sprechen Sie Ihren Betreuer an, wenn Sie der Meinung sind, dass Ihr Projekt an einem Wettbewerb teilnehmen sollte. Oftmals wird das schon vom Professor selbst gesehen, oder er hat bei der Themenausgabe bereits daran gedacht. Die Teilnahme an Wettbewerben ist eine gute Gelegenheit, **schon im Studium Pluspunkte für eine Bewerbung** zu sammeln, und als Motivationsfaktor für die Projektgruppe ist sie nicht zu unterschätzen. Ist mit dem Gewinn auch noch ein Preis verbunden, ist das eine willkommene finanzielle oder materielle Unterstützung für Sie.

Es gibt Preise, die über die Hochschulen oder wissenschaftliche Konferenzen vergeben werden. Diese richten sich jedoch eher an Bachelor-, Master- oder Doktorarbeiten. Achten Sie einmal auf Aushänge dazu in Ihrer Fakultät.

Aus der Wirtschaft gibt es Preise über die Verbände oder von Firmen sowie von öffentlichen Trägern wie beispielsweise Städten oder Stiftungen. Reichen Sie Ihren Beitrag auch auf Tagungen ein (Call for Papers). Dort können Sie auch Preise gewinnen und zudem Ihren Bericht veröffentlichen.

Es gibt Fakultäten, an denen die Beteiligung an Wettbewerben eine lange Tradition hat und die Projektarbeit aktiv für die Teilnahme genutzt wird. In anderen Fakultäten ist es eher unüblich oder hängt davon ab, ob der Professor ein Interesse hat, die Hochschule zu vertreten. Also trauen Sie sich und **sprechen Sie Ihren Betreuer frühzeitig an**, denn der Anmeldetermin ist meist eine Hürde für die Teilnahme.

4.4.5   Veröffentlichungen Ihrer Projektarbeit

Sprechen Sie Ihren Professor an, wenn Sie der Meinung sind, dass Ihre Arbeit veröffentlicht werden sollte. Neben Fachzeitschriften und Journalen, die Ihnen Ihr Betreuer nennen kann, haben Sie auch selbst die Möglichkeit, hierfür Partner im Hochschulnetz zu finden. Es gibt inzwischen **Portale**, bei denen Sie Arbeiten einstellen und erwerben können. Beispiele:

- http://www.examicus.de/
- http://www.grin.com/de/
- https://www.akademikerverlag.de/
- http://www.avm-verlag.de/

High End der wissenschaftlichen Veröffentlichung sind die **Journals**. Hier können Sie nicht ohne Hilfe Ihres Professors veröffentlichen. Die Artikel haben einen sehr hohen wissenschaftlichen Anspruch und werden nach der Einreichung zunächst von einem Gremium verifiziert, um danach möglicherweise zugelassen zu werden. Rechnen Sie hierfür mit Zeiträumen von einem Jahr oder mehr zwischen Einreichung und Veröffentlichung.

Artikel in der **Fachpresse** haben einen deutlich geringeren Anspruch und werden in der Regel nur von der Redaktion begutachtet. Wenn Ihr Professor gute Kontakte hat, können hier Artikel binnen wenigen Wochen erscheinen.

Online-Artikel bei Berufsverbänden, Stiftungen oder Online-Fachzeitschriften haben die geringsten Hürden bei der Veröffentlichung. Wartezeiten gibt es oftmals keine – weil Sie nicht auf die passende Ausgabe warten müssen. Auch hier hilft Ihnen der Kontakt über den Professor oder über die Pressestelle Ihre Hochschule.

Die einfachste Möglichkeit ist die Veröffentlichung eines Artikels auf der **Website Ihrer Hochschule oder Fakultät**. Vielleicht gibt es dort sogar einen gesonderten Bereich für Forschungsberichte.

Auch **Kundenzeitschriften** bieten sich an, falls Sie Ihr Projekt zusammen mit einem Unternehmen durchführen. Firmen nehmen Kooperationsprojekte sehr gerne in ihre Zeitschriften oder Internetseiten auf, da sie damit den Schulterschluss zur Hochschule oder Universität und somit zur Wissenschaft zeigen. Das ist für sie Prestigegewinn und Werbung. Hierzu ein Beispiel: http://www.psilogistics.com/fileadmin/files/downloads/PSI_Logistics/Newsletter/Newsletter_PSI_Logistics_2_2012.pdf

Wollen Sie den Weg über einen Verlag gehen, so sprechen Sie Ihren Professor auf eine **Schriftenreihe** an. Das sind Serien zu bestimmten Themen, in denen Sie vielleicht ein Kapitel schreiben können, oftmals wird dafür eine einmalige Autorenprämie vergütet.

4.5   Review Ihres Projektes

Sowohl in der Wirtschaft als auch im Studium wird das Review oftmals einfach vergessen, weil die Projektmitarbeiter schon längst wieder bei anderen Themen sind. Dabei können Sie **die Reflexion nutzen, um daraus für das nächste Projekt zu lernen**. Ein Projektreview (vgl. Kerth 2001) ist auch unter den Begriffen After-Action-Review (vgl. Busch 2006) oder Post-Mortem-Analyse (PMA) bekannt (vgl. Wang und Stålhane 2005). Zum Review gehören auch die Einholung des Feedbacks zu Ihrer Note und die Evaluation.

4.5.1 After-Action-Review

Ein After-Action-Review verläuft in **vier Stufen**, die in einem Workshop bearbeitet werden. Abbildung 4.10 zeigt diesen Weg auf. Sie brauchen für den Workshop einen Moderator, das kann ein Gruppenmitglied, der Betreuer oder eine externe Person sein. Für die Visualisierung sollten Sie ein Flipchart, die Tafel oder eine Pinnwand mit Karten zur Verfügung haben. Drucken Sie im Vorfeld den **Projektplan und den Projektauftrag** für jeden Teilnehmer aus.

- Zunächst ermitteln Sie den ursprünglich geplanten Sollzustand, also die Ziele Ihres Projektes. Schauen Sie sich die Projektausschreibung Ihres Betreuers und Ihren eigenen Projektauftrag an. Dann wird Ihnen bewusst, worin die Aufgabe am Anfang bestand. Hier gehen Sie noch nicht auf eine ggf. angepasste Aufgabenstellung während des Projektes ein, das passiert automatisch in Schritt zwei und drei.
- Im zweiten Schritt wird das Geschehen chronologisch aufgearbeitet. Auf dieser Stufe beschreiben Sie nicht nur Ihre Handlungen, sondern auch Ihre Erwartungen und Gefühle, Schlüsselsituationen und aufgetretene Probleme. Sie können dafür ein Brainstorming einsetzen, oder Sie nutzen den Projektplan als roten Faden. Vergleichen Sie Ihren ersten Projektplan mit dem Projektplan, nach dem das Projekt dann wirklich durchgeführt wurde. Dabei können Sie sehr schön sehen, wann Meilensteine nicht gehalten oder Termine verschoben wurden. Das sind gute Ausgangspunkte, um über das Projekt zu diskutieren.
- Im dritten Schritt erfolgt ein Soll-Ist-Vergleich. Die Ursachen für den Erfolg oder den Misserfolg des Projektes werden ermittelt. Sie sprechen Fehler und Erfolgsfaktoren an und sammeln diese stichpunktartig. Es fällt nach Schritt 2 meistens sehr leicht, genau zuzuordnen, wann und wodurch das Projekt zum vorliegenden Ergebnis gekommen ist.
- Auf Grundlage der Analyse aus Schritt 3 fasst die Gruppe im vierten und letzten Schritt ihre Erfahrungen in so genannten Lessons Learned zusammen, am besten schriftlich, dann haben Sie eine bleibende Erinnerung. Eine Sammlung von Lessons Learned verschiedener Projektgruppen können auch andere Studenten in der Fakultät als Erfahrungsgrundlage nutzen.

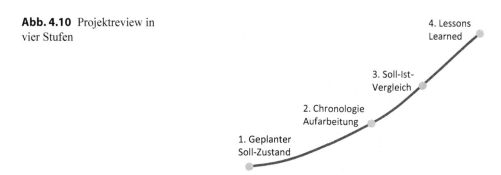

Abb. 4.10 Projektreview in vier Stufen

4. Lessons Learned

3. Soll-Ist-Vergleich

2. Chronologie Aufarbeitung

1. Geplanter Soll-Zustand

Abb. 4.11 Beispiel Review

Abbildung 4.11 ist ein Beispiel für ein sehr spätes Review – nämlich bei Start des nächsten Projektes – zu sehen. Die Studenten aus dem 6. Semester sollten sich daran erinnern, was in ihrem Projekt während des 4. Semesters positiv und negativ war. Da dazwischen ein Jahr lag, sind viele kleine Dinge in Vergessenheit geraten. So fällt eine Reflexion immer eher kurz aus. Das sehen Sie auch an den wenigen und recht allgemein gehaltenen Punkten wie Noten, Kommunikation, Planung und Umsetzung.

4.5.2 Feedback zur Note einholen

Am Ende des Semesters ist jeder Studierende mit der Note konfrontiert. Hier sollten Sie sich ein Feedback vom Betreuer einholen, um zu erfahren, was Sie ganz persönlich gut gemacht haben und woran Sie noch arbeiten sollten. Die Professoren sind auch daran interessiert, was sie in der Betreuung selbst gut gemacht haben und was sie beim nächsten

Projekt verbessern könnten. **Das Feedback wird von viel zu wenig Studierenden genutzt.** Weil sie sich nicht trauen? Oder weil sie einfach froh sind, dass das Projekt durch ist? Oder weil sie denken, dass es dem Professor sowieso egal ist? Das alles mag oftmals sicher so sein. Machen Sie trotzdem den Schritt und lassen Sie nicht einfach ein einseitiges Feedback in Form der Note stehen – fordern Sie hier Ihren Betreuer.

4.5.3   Evaluation von Projekten

Auch Projekte werden evaluiert. Dafür gibt es in den Fakultäten Evaluierungsbögen. **Das Ausfüllen der Bögen ist eine gute Vorbereitung für das Projektreview.** Dabei sollten Sie sich entweder in Schulnoten oder in Symbolen wie ++ bis - - beurteilen. Nachfolgend ein paar Ideen dazu:

* Themenstellung war klar formuliert und gut verständlich
* Freiheitsgrad in der Themenstellung
* Praxisbezug
* Niveau der Aufgabenstellung
* Umfang des Themas
* Umfang im Vergleich zu anderen Projektarbeiten
* Arbeitsaufwand in Tagen/Stunden
* Einarbeitungsaufwand in das Thema
* Effizienz der Projektmeetings
* Häufigkeit der Meetings (mit Betreuer)
* Häufigkeit der Meetings (ohne Betreuer)
* Gerechte Aufteilung der Arbeit zwischen allen Teammitgliedern
* Betreuung durch den Professor
* Mein Anteil zum Gelingen des Projektes war …
* Abwechslungsreich, habe viel Neues kennen gelernt
* Besonders gut fand ich …
* Das sollte man ändern …

4.6   Die Bewertungskriterien

Nach dem Hochschulgesetz haben Sie Anrecht auf eine individuelle Note, und das gilt grundsätzlich auch für Projektarbeiten. Falls Ihr Betreuer nicht zu Beginn des Projektes erklärt, **welche Kriterien er zur Bildung der Note heranzieht**, so fragen Sie nach. Auf jeden Fall kann Ihnen der Vorsitzende der Prüfungskommission Ihrer Fakultät Auskunft geben, wie das bei Ihnen geregelt ist. Ihre Note erhalten Sie durch Ihren Betreuer und es ist nicht üblich, Gruppen miteinander zu vergleichen. Sind Sie am Ende mit Ihrer Note nicht zufrieden und führen Noten anderer Gruppen zum Vergleich an, so hat das daher keine Relevanz.

Damit eine individuelle Benotung sichergestellt ist, darf der Teameinfluss nicht so stark gewichtet sein, dass ein Bestehen allein durch die Team-Note möglich ist. Wäre beispielsweise die Gewichtung 50 %: 50 %, so könnten Sie mit der Note 3.0 im Team und 5.0 für den Individualanteil mit 4.0 bestehen. Teilt sich das Verhältnis **30 %: 70 %** auf, so ist mit $0{,}3 \times 3.0 + 0{,}7 \times 5.0 = 4.4$ eine **größere Notengerechtigkeit** gegeben.

Beispiel: Kriterien für Notenbildung

Gruppen- und Teambewertung (30 %)
- Projektauftrag
- Statusupdates
- Projektmanagement: Terminplan, Struktur, Taskliste
- Einhaltung der Terminvereinbarungen
- Qualitätssicherung
- Projektbericht (Gesamteindruck, Teamleistung)
- Abschlusspräsentation (Gesamteindruck, Teamleistung)
- Projekt Review
- Zielerreichung

Einzelbewertung (70 %)
- Regelmäßige und aktive Teilnahme an den Teammeetings
- Engagement während des Projektes: Initiative, Selbständigkeit, Systematik, Problemlösungskompetenz
- Ergebnisbeitrag zum Projekt (fachlich und Projektmanagement)
- Präsentation der Ergebnisse (eigenes Arbeitspaket)
- Dokumentation des eigenen Arbeitspaktes im Abschlussbericht
- Bonus für besonderen Schwierigkeitsgrad

Projektpräsentation
- Recherche
- Inhalt
- Gliederung
- Auftreten/Sprache
- Medieneinsatz
- Diskussion
- Beantwortung von gestellten Fragen

Projektdokumentation
- Bearbeitung und Lösung der gestellten Aufgabe
- Qualität der Ergebnisse
- Gliederung
- Umfang
- Inhalt

- Verständlichkeit
- Literaturquellen
- Gesamteindruck des Layouts
- Bonus für besonderen Schwierigkeitsgrad

Literatur

Akademikerverlag. https://www.akademikerverlag.de/. Zugegriffen: 5. Sept. 2015.

AVM-Verlag. http://www.avm-verlag.de/. Zugegriffen: 5. Sept. 2015.

Busch, M. W., & von der Oelsnitz, D. (2006). Teamlernen durch after action review. *Personalführung, 2,* 54–62.

Deutsches Patentamt online. http://www.dpma.de/gebrauchsmuster/gebuehren/index.html#a3. Zugegriffen: 5. Sept. 2015.

Deutsches Patentamt online. http://www.dpma.de/gebrauchsmuster/index.html. Zugegriffen: 5. Sept. 2015.

Deutsches Patentamt online. http://www.dpma.de/patent/index.html. Zugegriffen: 5. Sept. 2015.

Duden. http://www.duden.de/sprachwissen/rechtschreibregeln. Zugegriffen: 5. Sept. 2015.

Examicus. http://www.examicus.de/. Zugegriffen: 5. Sept. 2015.

Gesetze online. http://www.gesetze-im-internet.de/urhg/. Zugegriffen: 5. Sept. 2015.

GRIN Wissen finden & Publizieren. http://www.grin.com/de/. Zugegriffen: 5. Sept. 2015.

Hochschule Augsburg. http://www.hs-augsburg.de/fakultaet/informatik/studium/projekte/index.html. Zugegriffen: 5. Sept. 2015.

Kerth, N. L. (2001). *Project retrospectives: A handbook for team reviews.* New York: Dorset House Publishing.

Klinger, U. Kommaregeln. http://www.udoklinger.de/Deutsch/Grammatik/Kommaregeln.htm. Zugegriffen: 5. Sept. 2015.

Kornmeier, M. (2010). *Wissenschaftlich schreiben leicht gemacht. Für Bachelor, Master und Dissertation.* Stuttgart: UTB.

Kruse, O. (2007). *Keine Angst vor dem leerem Blatt.* Frankfurt a. M.: Campus.

Müller, S. (2012). *Leitfaden zum wissenschaftlichen Arbeiten.* Nürnberg: scriptum wissenschaftliche Schriften.

PSI Logistik. (2012). PSI Logistics Newsletter. Kundenzeitung online 2. http://www.psilogistics.com/fileadmin/files/downloads/PSI_Logistics/Newsletter/Newsletter_PSI_Logistics_2_2012.pdf. Zugegriffen: 5. Sept. 2015.

Theuerkauf, J. (2012). *Schreiben im Ingenieursstudium.* Stuttgart: UTB.

Wang, A. I., & Stålhane, T. (2005). Using post mortem analysis to evaluate software architecture student projects. *18th Conference on Software Engineering Education and Training (CSEE&T).* Ottawa

Wissenschaftlich Arbeiten. http://www.wissenschaftlicharbeiten.de/. Zugegriffen: 5. Sept. 2015.

Schlusswort

5

Die **Projektarbeit im Studium ersetzt immer häufiger die klassische Vorlesung** als Lernform – dort, wo das aufgrund der Studentenzahlen möglich ist. Gerade in den Masterstudiengängen überwiegt bereits die Seminararbeit, in der Wissen selbst erarbeitet wird. Diese Entwicklung hat an ausländischen Hochschulen schon längst stattgefunden. Aber nicht nur in punkto Lernmethoden ist Bewegung vorhanden, auch die Wahrnehmung der Hochschule in der **Wirtschaft** verändert sich. **Immer häufiger werden Projekte gemeinsam durchgeführt.** Die Unternehmen nutzen diese Kooperationen nicht nur für Synergien, sondern auch, um direkten Zugang zu zukünftigen Fach- und Führungskräften zu erhalten.

Vielfach werden Stimmen laut, dass die Studierenden nicht mehr lernen, sich selbst Themen zu erarbeiten, sondern aufgrund des engen Lehrplans den Fokus darauf legen, effizient durch die Prüfungen zu kommen. Auch ist die Anzahl der Auslandssemester stark rückläufig (vgl. Schulz 2011), da trotz Bologna-Prozess Leistungen oftmals nicht anerkannt werden und es nach einem Auslandssemester häufig schwer ist, dem normalen Bachelorstundenplan zu folgen. Nutzen Sie trotzdem die Gelegenheit für Auslandsprojekte und Praktika, um Erfahrungen zu sammeln und Ihre Selbständigkeit zu zeigen.

Mit Projekterfahrung können Sie zeigen, dass Sie „mehr" gemacht haben. Indem Sie an Wettbewerben teilnehmen, schaffen Sie sich die Möglichkeit, Ihre Projekte auch zu vermarkten. So gewinnen Sie einen echten **Marktvorteil bei der Bewerbung.** Fügen Sie Ihrer Bewerbung eine Projektliste bei und Sie werden erleben, dass Sie von Firmen anders wahrgenommen werden, als wenn Sie nur Standardleistungen im Studium vorweisen.

Es gibt Vorlesungen zum Thema „Projektmanagement" an den Hochschulen und Zertifizierungsangebote nach verschiedenen Standards, z. B. von der GPM/IPMA, PMI, Prince2, um die bekanntesten zu nennen.

© Springer Fachmedien Wiesbaden 2016
C. Stöhler, *Projektmanagement im Studium,* DOI 10.1007/978-3-658-11985-0_5

▶ Falls Projekt-Zertifizierungen von Ihrer Hochschule angeboten werden, sollten
  Sie daran teilnehmen. So günstig können Sie sie später nicht mehr bekommen
  und viele Firmen achten auf diese Zertifikate.

Weiterbildungsangebote, die sich auf die Erlebnispädagogik stützen, lassen Sie Projektarbeit
sehr einprägsam erfahren und werden verstärkt durch die Hochschulen im Studium einbezogen. Vielleicht haben Sie auch so ein Out-Door-Seminar absolviert? Die Deutsche Gesellschaft
für Projektmanagement (GPM) ist außerdem eine gute Plattform und Informationsquelle
rund um das Thema „Projektmanagement" in Deutschland: http://www.gpm-ipma.de.

Also starten Sie durch und nutzen Sie die vermittelten Inhalte dieses Buchs. Damit
sollte das nächste – oder ihr erstes – Projekt zumindest nicht am Management scheitern.
Sie haben alle wesentlichen Aspekte für Ihre Projektarbeit und eine Fülle von Tools kennengelernt. Ich wünsche Ihnen ein erfolgreiches Projekt: termingerecht, effizient und mit
einem richtig guten Ergebnis!

Literatur

Deutsche Gesellschaft für Projektmanagement (GPM). http://www.gpm-ipma.de. Zugegriffen: 5.
    Sept. 2015.
Schulz, T. (2001). Auslandssemester – keine Zeit! Süddeutsche Zeitung online, 25.08.2011.
    http://www.sueddeutsche.de/bildung/stress-im-bachelor-studium-auslandssemester-keine-
    zeit-1.1135012. Zugegriffen: 5. Sept. 2015.

Sachverzeichnis

© Springer Fachmedien Wiesbaden 2016
C. Stöhler, *Projektmanagement im Studium,* DOI 10.1007/978-3-658-11985-0

Printed by Printforce, the Netherlands